Aprendizaje de coreano básico para
hispanohablantes(latinoamericano)

스페인어를 사용하는 국민을 위한

기초 **한글배우기**(남미)

1 기초편

N.º 1 Conceptos básicos

권용선 저

스페인어로 한글배우기

Aprendizaje de coreano en español

■ 세종대왕(조선 제4대 왕)
Rey Sejong el Grande
(cuarto rey de Joseon)

대한민국 대표한글
K-한글
www.k-hangul.kr

유네스코 세계문화유산
Patrimonio de la Humanidad por la UNESCO

■ **세종대왕 탄신 627돌(2024.5.15) 숭모제전**
- 분향(焚香) 및 헌작(獻爵), 독축(讀祝), 사배(四拜), 헌화(獻花),
  망료례(望燎禮), 예필(禮畢), 인사말씀(국무총리)

■ **무용 : 봉래의(鳳來儀) | 국립국악원 무용단**
- '용비어천가'의 가사를 무용수들이 직접 노래하고 춤을 춤으로써
  비로소 시(詩), 가(歌), 무(舞)가 합일하는 악(樂)을 완성하는 장면

■ 영릉(세종·소헌왕후)
조선 제4대 세종대왕과 소헌왕후 심씨를 모신 합장릉이다.
세종대왕은 한글을 창제하고 혼천의를 비롯한 여러 과학기기를 발명하는 등 재위기간 중 뛰어난 업적을 이룩하였다.

■ 소재지(Location): 대한민국 경기도 여주시 세종대왕면 영릉로 269-10

■ 대표 업적
- 한글 창제: 1443년(세종 25년)~1446년 9월 반포
- 학문 창달
- 과학의 진흥
- 외치와 국방
- 음악의 정리
- 속육전 등의 법전 편찬 및 정리
- 각종 화학 무기 개발

■ Yeongneung (El rey Sejong el Grande y la reina Soheon)
Esta es una tumba conjunta dedicada al rey Sejong el Grande, el cuarto rey de la dinastía Joseon, y a la reina Soheon, la reina del clan sim.
El rey Sejong el Grande obtuvo grandes logros durante su reinado, incluida la creación del hangul y la invención de varios dispositivos científicos, como la esfera armilar.

■ Ubicación: 269-10 Yeongneung-ro, Sejongdaewang-myeon, Yeoju-si, Gyeonggi-do, Republic of Korea

■ Logros representativos
- Creación del hangul: 1443 (año 25 del reinado del rey Sejong el Grande) - Promulgado en septiembre de 1446
- Avance académico
- Fomento de la ciencia
- Política exterior y la defensa nacional
- Organización de la música.
- Recopilación y organización de códigos jurídicos como Sokyukjeon.
- Desarrollo de diversas armas químicas.

머리말 Prefacio

Let's learn Hangul!

El hangul tiene 14 consonantes, 10 vocales y sílabas formadas por combinaciones de consonantes dobles y vocales dobles para crear sonidos. Los combinadores del hangul constan de unos 11 170 caracteres, y se usa principalmente un 30 % de ellos. El contenido de este libro se basa en palabras coreanas que se usan a menudo en la vida real y se desarrolló centrándose en los siguientes puntos.

- Tiene contenidos de aprendizaje básicos basados en las consonantes y vocales del hangul.
- Se presentó el orden de la escritura del hangul a fin de fortalecer la base para el uso correcto del hangul.
- Se dedica mucho espacio a la "escritura" para que pueda asimilar el coreano de forma natural mediante el aprendizaje de la escritura repetitiva.
- Ofrecemos materiales para el estudio paralelo con libros de texto en nuestra página web (www.K-hangul.kr).
- El contenido está organizado en torno a sílabas y palabras que se usan a menudo en la vida cotidiana en Corea.
- Hemos reducido los contenidos coreanos que se usa con poca frequencia y solo se ha incluido el contenido esencial.

Aprender un idioma es aprender sobre la cultura y ofrece la oportunidad de ampliar su pensamiento. Este es un libro de texto básico para aprender coreano. Por lo tanto, si aprende el contenido a fondo, obtendrá una amplia comprensión no solo del coreano, sino también de la cultura y el espíritu de Corea. Gracias.

k-hangul Publisher: Kwon, Yong-sun

한글은 자음 14자, 모음 10자 그 외에 겹자음과 겹모음의 조합으로 글자가 이루어지며 소리를 갖게 됩니다. 한글 조합자는 약 11,170자로 이루어져 있는데, 그중 30% 정도가 주로 사용되고 있습니다. 이 책은 실생활에서 자주 사용하는 우리말을 토대로 내용을 구성하였고, 다음 사항을 중심으로 개발 되었습니다.

- 한글의 자음과 모음을 기초로 배우는 기본 학습내용으로 이루어져 있습니다.
- 한글의 필순을 제시하여 올바른 한글 사용의 기초를 튼튼히 다지도록 했습니다.
- 반복적인 쓰기 학습을 통해 자연스레 한글을 습득할 수 있도록 '쓰기'에 많은 지면을 할애하였습니다.
- 홈페이지(www.k-hangul.kr)에 교재와 병행 학습할 수 있는 자료를 제공하고 있습니다.
- 한국의 일상생활에서 자주 사용되는 글자나 낱말을 중심으로 내용을 구성하였습니다.
- 사용빈도가 높지 않은 한글에 대한 내용은 줄이고 꼭 필요한 내용만 수록하였습니다.

언어를 배우는 것은 문화를 배우는 것이며, 사고의 폭을 넓히는 계기가 됩니다. 이 책은 한글 학습에 기본이 되는 교재이므로 내용을 꼼꼼하게 터득하면 한글은 물론 한국의 문화와 정신까지 폭넓게 이해 하게 될 것입니다.

※참고 : 본 교재는 ❶기초편으로, ❷문장편 ❸대화편 ❹생활 편으로 구성되어 출간 판매 중에 있습니다.
　　Nota : Este libro de texto se vende de la siguiente manera: ❶Conceptos básicos, ❷Oraciones, ❸Diálogos y ❹Estilo de vida.

※판매처 : 교보문고, 알라딘, yes24, 네이버, 쿠팡 등
　　Dónde comprarlo: Librería Kyobo, Aladdin, yes24, Naver, Coupang, etc.

저자 권용선

차례 Orden

제1장

자음

Capítulo 1:
Consonantes

자음 [Consonantes]

월　　일

☷ 자음 읽기 [Leer consonantes]

ㄱ	ㄴ	ㄷ	ㄹ	ㅁ
기역(Giyeok)	니은(Nieun)	디귿(Digeut)	리을(Rieul)	미음(Mieum)
ㅂ	ㅅ	ㅇ	ㅈ	ㅊ
비읍(Bieup)	시옷(Siot)	이응(Ieung)	지읒(Jieut)	치읓(Chieut)
ㅋ	ㅌ	ㅍ	ㅎ	
키읔(Kieuk)	티읕(Tieut)	피읖(Pieup)	히읗(Hieut)	

☷ 자음 쓰기 [Escribir consonantes]

ㄱ	ㄴ	ㄷ	ㄹ	ㅁ
기역(Giyeok)	니은(Nieun)	디귿(Digeut)	리을(Rieul)	미음(Mieum)
ㅂ	ㅅ	ㅇ	ㅈ	ㅊ
비읍(Bieup)	시옷(Siot)	이응(Ieung)	지읒(Jieut)	치읓(Chieut)
ㅋ	ㅌ	ㅍ	ㅎ	
키읔(Kieuk)	티읕(Tieut)	피읖(Pieup)	히읗(Hieut)	

02 자음 [Consonantes]

🔲 자음 익히기 [Aprender consonantes]

다음 자음을 쓰는 순서에 맞게 따라 쓰세요.
(Escriba las siguientes consonantes en el orden correcto.)

자음 Consonantes	이름 Nombre	쓰는 순서 Orden de escritura	영어 표기 Notación en inglés	쓰기 Escribir					
ㄱ	기역		Giyeok	ㄱ					
ㄴ	니은		Nieun	ㄴ					
ㄷ	디귿		Digeut	ㄷ					
ㄹ	리을		Rieul	ㄹ					
ㅁ	미음		Mieum	ㅁ					
ㅂ	비읍		Bieup	ㅂ					
ㅅ	시옷		Siot	ㅅ					
ㅇ	이응		Ieung	ㅇ					
ㅈ	지읒		Jieut	ㅈ					
ㅊ	치읓		Chieut	ㅊ					
ㅋ	키읔		Kieuk	ㅋ					
ㅌ	티읕		Tieut	ㅌ					
ㅍ	피읖		Pieup	ㅍ					
ㅎ	히읗		Hieut	ㅎ					

한글 자음과 모음표 [Tabla de consonantes y vocales de hangul]

03

월   일

※ 참고 : 음절표(18p~37P)에서 학습할 내용

mp3 자음 모음	ㅏ (아)	ㅑ (야)	ㅓ (어)	ㅕ (여)	ㅗ (오)	ㅛ (요)	ㅜ (우)	ㅠ (유)	ㅡ (으)	ㅣ (이)
ㄱ (기역)	가	갸	거	겨	고	교	구	규	그	기
ㄴ (니은)	나	냐	너	녀	노	뇨	누	뉴	느	니
ㄷ (디귿)	다	댜	더	뎌	도	됴	두	듀	드	디
ㄹ (리을)	라	랴	러	려	로	료	루	류	르	리
ㅁ (미음)	마	먀	머	며	모	묘	무	뮤	므	미
ㅂ (비읍)	바	뱌	버	벼	보	뵤	부	뷰	브	비
ㅅ (시옷)	사	샤	서	셔	소	쇼	수	슈	스	시
ㅇ (이응)	아	야	어	여	오	요	우	유	으	이
ㅈ (지읒)	자	쟈	저	져	조	죠	주	쥬	즈	지
ㅊ (치읓)	차	챠	처	쳐	초	쵸	추	츄	츠	치
ㅋ (키읔)	카	캬	커	켜	코	쿄	쿠	큐	크	키
ㅌ (티읕)	타	탸	터	텨	토	툐	투	튜	트	티
ㅍ (피읖)	파	퍄	퍼	펴	포	표	푸	퓨	프	피
ㅎ (히읗)	하	햐	허	혀	호	효	후	휴	흐	히

제2장

모음

Capítulo 2:
Vocales

 01 모음 [Vocales]

모음 읽기 [Leer vocales]

ㅏ	ㅑ	ㅓ	ㅕ	ㅗ
아(A)	야(Ya)	어(Eo)	여(Yeo)	오(O)
ㅛ	ㅜ	ㅠ	ㅡ	ㅣ
요(Yo)	우(U)	유(Yu)	으(Eu)	이(I)

모음 쓰기 [Escribir vocales]

ㅏ	ㅑ	ㅓ	ㅕ	ㅗ
아(A)	야(Ya)	어(Eo)	여(Yeo)	오(O)
ㅛ	ㅜ	ㅠ	ㅡ	ㅣ
요(Yo)	우(U)	유(Yu)	으(Eu)	이(I)

모음 [Vocales]

월   일

모음 익히기 [Aprender vocales]

다음 모음을 쓰는 순서에 맞게 따라 쓰세요.
(Escriba las siguientes vocales en el orden correcto.)

모음 Vocales	이름 Nombre	쓰는 순서 Orden de escritura	영어 표기 Notación en inglés	쓰기 Escribir				
ㅏ	아		A	ㅏ				
ㅑ	야		Ya	ㅑ				
ㅓ	어		Eo	ㅓ				
ㅕ	여		Yeo	ㅕ				
ㅗ	오		O	ㅗ				
ㅛ	요		Yo	ㅛ				
ㅜ	우		U	ㅜ				
ㅠ	유		Yu	ㅠ				
ㅡ	으		Eu	ㅡ				
ㅣ	이		I	ㅣ				

유네스코 세계기록유산
UNESCO Memory of the World

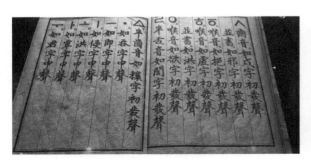 

- 훈민정음(訓民正音) : 새로 창제된 훈민정음을 1446년(세종 28) 정인지 등 집현전 학사들이 저술한 한문해설서이다. 해례가 붙어 있어서〈훈민정음 해례본 訓民正音 解例本〉이라고도 하며 예의(例義), 해례(解例), 정인지 서문으로 구성되어 있다. 특히 서문에는 **훈민정음을 만든 이유,** 편찬자, 편년월일, 우수성을 기록하고 있다. 1997년 유네스코 세계기록유산으로 등록되었다.

■ 훈민정음(訓民正音)을 만든 이유

- 훈민정음은 백성을 가르치는 바른 소리 -

훈민정음 서문에 나오는 '나랏말씀이 중국과 달라 한자와 서로 통하지 않는다.' 는 말은 풍속과 기질이 달라 성음(聲音)이 서로 같지 않게 된다는 것이다.

"이런 이유로 어리석은 백성이 말하고 싶은 것이 있어도 마침내 제 뜻을 표현하지 못하는 사람이 많다. 이를 불쌍히 여겨 새로 28자를 만들었으니 사람마다 쉽게 익혀 씀에 편하게 할 뿐이다."

지혜로운 사람은 아침나절이 되기 전에 이해하고 어리석은 사람도 열흘이면 배울 수 있는 훈민정음은 바람소리, 학의 울음이나 닭 울음소리, 개 짖는 소리까지 모두 표현해 쓸 수 있어 지구상의 모든 문자 가운데 가장 창의적이고 과학적이라는 찬사를 받는 문자이다.

-세종 28년-

■ 세종대왕 약력

- 조선 제4대 왕
- 이름: 이도
- 출생지: 서울(한양)
- 생년월일: 1397년 5월 15일~1450년 2월 17일
- 재위 기간: 1418년 8월~1450년 2월(31년 6개월)

■ El motivo de la creación del Hunminjeongeum

- Hunminjeongeum significa los sonidos correctos para instruir al pueblo -

La frase en el preámbulo "Como el idioma nacional es diferente al de China, el idioma hablado no concuerda con los caracteres" que aparece en el prefacio del Hunminjeongeum" significa que los sonidos (聲音) no son los mismos porque las costumbres y temperamentos son diferentes.

"Por eso, muchos iletrados no pueden finalmente expresar sus pensamientos a pesar de que hay algo que quieren decir. Me apiadé de ellos y creé 28 letras nuevas para que todos puedan aprenderlas fácilmente y usarlas con total comodidad".

El Hunminjeongeum, que una persona sabia puede entender antes del amanecer y hasta un iletrado puede aprender en diez días, es elogiado por ser el más creativo y científico de todos los alfabetos de la Tierra, ya que puede expresar todo, desde el sonido del viento, los gritos de las grullas, el cacareo de las gallinas y el ladrido de los perros.

- año 28 del reinado del rey Sejong el Grande -

■ Biografía del rey Sejong el Grande

- Cuarto rey de Joseon
- Nombre: Yi Do
- Lugar de nacimiento: Seúl (Hanyang)
- Fecha de nacimiento: 15 de mayo de 1397 - 17 de febrero de 1450
- Periodo de reinado: agosto de 1418 - febrero de 1450 (31 años y 6 meses)

제3장

겹자음과
겹모음

Capítulo 3:
Consonantes dobles y
Vocales dobles

01 겹자음 [Consonantes dobles]

월   일

겹자음 읽기 [Leer consonantes dobles]

ㄲ	ㄸ	ㅃ	ㅆ	ㅉ
쌍기역 (Ssanggiyeok)	쌍디귿 (Ssangdigeut)	쌍비읍 (Ssangbieup)	쌍시옷 (Ssangsiot)	쌍지읒 (Ssangjieut)

겹자음 쓰기 [Escribir consonantes dobles]

ㄲ	ㄸ	ㅃ	ㅆ	ㅉ
쌍기역 (Ssanggiyeok)	쌍디귿 (Ssangdigeut)	쌍비읍 (Ssangbieup)	쌍시옷 (Ssangsiot)	쌍지읒 (Ssangjieut)

겹자음 익히기 [Aprender consonantes dobles]

다음 겹자음을 쓰는 순서에 맞게 따라 쓰세요.

(Escriba las siguientes consonantes dobles en el orden correcto.)

겹자음 Consonantes dobles	이름 Nombre	쓰는 순서 Orden de escritura	영어 표기 Notación en inglés	쓰기 Escribir				
ㄲ	쌍기역	ㄲ	Ssanggiyeok	ㄲ				
ㄸ	쌍디귿	ㄸ	Ssangdigeut	ㄸ				
ㅃ	쌍비읍	ㅃ	Ssangbieup	ㅃ				
ㅆ	쌍시옷	ㅆ	Ssangsiot	ㅆ				
ㅉ	쌍지읒	ㅉ	Ssangjieut	ㅉ				

O2 겹모음 [Vocales dobles]

월   일

겹모음 읽기 [Leer vocales dobles]

ㅐ	ㅔ	ㅒ	ㅖ	ㅘ
애(Ae)	에(E)	얘(Yae)	예(Ye)	와(Wa)
ㅙ	ㅚ	ㅝ	ㅞ	ㅟ
왜(Wae)	외(Oe)	워(Wo)	웨(We)	위(Wi)
ㅢ				
의(Ui)				

겹모음 쓰기 [Escribir vocales dobles]

ㅐ	ㅔ	ㅒ	ㅖ	ㅘ
애(Ae)	에(E)	얘(Yae)	예(Ye)	와(Wa)
ㅙ	ㅚ	ㅝ	ㅞ	ㅟ
왜(Wae)	외(Oe)	워(Wo)	웨(We)	위(Wi)
ㅢ				
의(Ui)				

제 3장 겹자음과 겹모음 • 15

O2 겹모음 [Vocales dobles]

월   일

겹모음 익히기 [Aprender vocales dobles]

다음 겹모음을 쓰는 순서에 맞게 따라 쓰세요.
(Escriba las siguientes vocales dobles en el orden correcto.)

겹모음 Vocales dobles	이름 Nombre	쓰는 순서 Orden de escritura	영어 표기 Notación en inglés	쓰기 Escribir				
ㅐ	애		Ae	ㅐ				
ㅔ	에		E	ㅔ				
ㅒ	얘		Yae	ㅒ				
ㅖ	예		Ye	ㅖ				
ㅘ	와		Wa	ㅘ				
ㅙ	왜		Wae	ㅙ				
ㅚ	외		Oe	ㅚ				
ㅝ	워		Wo	ㅝ				
ㅞ	웨		We	ㅞ				
ㅟ	위		Wi	ㅟ				
ㅢ	의		Ui	ㅢ				

음절표

Capítulo 4:
Tabla de sílabas

 **01** # 자음+모음(ㅏ) [Consonante + Vocal (ㅏ)]

월 일

자음+모음(ㅏ) 읽기 [Leer Consonante + Vocal (ㅏ)]

가	나	다	라	마
Ga	Na	Da	Ra	Ma
바	사	아	자	차
Ba	Sa	A	Ja	Cha
카	타	파	하	
Ka	Ta	Pa	Ha	

자음+모음(ㅏ) 쓰기 [Escribir Consonante + Vocal (ㅏ)]

가	나	다	라	마
Ga	Na	Da	Ra	Ma
바	사	아	자	차
Ba	Sa	A	Ja	Cha
카	타	파	하	
Ka	Ta	Pa	Ha	

01 자음+모음(ㅏ) [Consonante + Vocal (ㅏ)]

월   일

자음+모음(ㅏ) 익히기 [Aprender Consonante + Vocal (ㅏ)]

다음 자음+모음(ㅏ)을 쓰는 순서에 맞게 따라 쓰세요.

(Escriba las siguientes sílabas de consonante + vocal (ㅏ) en el orden correcto.)

자음+모음(ㅏ)	이름	쓰는 순서	영어 표기	쓰기					
ㄱ+ㅏ	가	가	Ga	가					
ㄴ+ㅏ	나	나	Na	나					
ㄷ+ㅏ	다	다	Da	다					
ㄹ+ㅏ	라	라	Ra	라					
ㅁ+ㅏ	마	마	Ma	마					
ㅂ+ㅏ	바	바	Ba	바					
ㅅ+ㅏ	사	사	Sa	사					
ㅇ+ㅏ	아	아	A	아					
ㅈ+ㅏ	자	자	Ja	자					
ㅊ+ㅏ	차	차	Cha	차					
ㅋ+ㅏ	카	카	Ka	카					
ㅌ+ㅏ	타	타	Ta	타					
ㅍ+ㅏ	파	파	Pa	파					
ㅎ+ㅏ	하	하	Ha	하					

자음+모음(ㅓ) [Consonante + Vocal (ㅓ)]

자음+모음(ㅓ) 읽기 [Leer Consonante + Vocal (ㅓ)]

거	너	더	러	머
Geo	Neo	Deo	Reo	Meo
버	서	어	저	처
Beo	Seo	Eo	Jeo	Cheo
커	터	퍼	허	
Keo	Teo	Peo	Heo	

자음+모음(ㅓ) 쓰기 [Escribir Consonante + Vocal (ㅓ)]

거	너	더	러	머
Geo	Neo	Deo	Reo	Meo
버	서	어	저	처
Beo	Seo	Eo	Jeo	Cheo
커	터	퍼	허	
Keo	Teo	Peo	Heo	

O2 자음+모음(ㅓ) [Consonante + Vocal (ㅓ)]

월   일

자음+모음(ㅓ) 익히기 [Aprender Consonante + Vocal (ㅓ)]

다음 자음+모음(ㅓ)을 쓰는 순서에 맞게 따라 쓰세요.

(Escriba las siguientes sílabas de consonante + vocal (ㅓ) en el orden correcto.)

자음+모음(ㅓ)	이름	쓰는 순서	영어 표기	쓰기				
ㄱ+ㅓ	거	거	Geo	거				
ㄴ+ㅓ	너	너	Neo	너				
ㄷ+ㅓ	더	더	Deo	더				
ㄹ+ㅓ	러	러	Reo	러				
ㅁ+ㅓ	머	머	Meo	머				
ㅂ+ㅓ	버	버	Beo	버				
ㅅ+ㅓ	서	서	Seo	서				
ㅇ+ㅓ	어	어	Eo	어				
ㅈ+ㅓ	저	저	Jeo	저				
ㅊ+ㅓ	처	처	Cheo	처				
ㅋ+ㅓ	커	커	Keo	커				
ㅌ+ㅓ	터	터	Teo	터				
ㅍ+ㅓ	퍼	퍼	Peo	퍼				
ㅎ+ㅓ	허	허	Heo	허				

제4장 음절표 ● 21

 **O3** 자음+모음(ㅗ) [Consonante + Vocal (ㅗ)]

월 일

자음+모음(ㅗ) 읽기 [Leer Consonante + Vocal (ㅗ)]

고	노	도	로	모
Go	No	Do	Ro	Mo
보	소	오	조	초
Bo	So	O	Jo	Cho
코	토	포	호	
Ko	To	Po	Ho	

자음+모음(ㅗ) 쓰기 [Escribir Consonante + Vocal (ㅗ)]

고	노	도	로	모
Go	No	Do	Ro	Mo
보	소	오	조	초
Bo	So	O	Jo	Cho
코	토	포	호	
Ko	To	Po	Ho	

O3 자음+모음(ㅗ) [Consonante + Vocal (ㅗ)]

월　일

자음+모음(ㅗ) 익히기 [Aprender Consonante + Vocal (ㅗ)]

다음 자음+모음(ㅗ)을 쓰는 순서에 맞게 따라 쓰세요.

(Escriba las siguientes sílabas de consonante + vocal (ㅗ) en el orden correcto.)

자음+모음(ㅗ)	이름	쓰는 순서	영어 표기	쓰기				
ㄱ+ㅗ	고	고	Go	고				
ㄴ+ㅗ	노	노	No	노				
ㄷ+ㅗ	도	도	Do	도				
ㄹ+ㅗ	로	로	Ro	로				
ㅁ+ㅗ	모	모	Mo	모				
ㅂ+ㅗ	보	보	Bo	보				
ㅅ+ㅗ	소	소	So	소				
ㅇ+ㅗ	오	오	O	오				
ㅈ+ㅗ	조	조	Jo	조				
ㅊ+ㅗ	초	초	Cho	초				
ㅋ+ㅗ	코	코	Ko	코				
ㅌ+ㅗ	토	토	To	토				
ㅍ+ㅗ	포	포	Po	포				
ㅎ+ㅗ	호	호	Ho	호				

04 자음+모음(ㅜ) [Consonante + Vocal (ㅜ)]

월   일

자음+모음(ㅜ) 읽기 [Leer Consonante + Vocal (ㅜ)]

구	누	두	루	무
Gu	Nu	Du	Ru	Mu
부	수	우	주	추
Bu	Su	U	Ju	Chu
쿠	투	푸	후	
Ku	Tu	Pu	Hu	

자음+모음(ㅜ) 쓰기 [Escribir Consonante + Vocal (ㅜ)]

구	누	두	루	무
Gu	Nu	Du	Ru	Mu
부	수	우	주	추
Bu	Su	U	Ju	Chu
쿠	투	푸	후	
Ku	Tu	Pu	Hu	

04 자음+모음(ㅜ) [Consonante + Vocal (ㅜ)]

월   일

자음+모음(ㅜ) 익히기 [Aprender Consonante + Vocal (ㅜ)]

다음 자음+모음(ㅜ)을 쓰는 순서에 맞게 따라 쓰세요.

(Escriba las siguientes sílabas de consonante + vocal (ㅜ) en el orden correcto.)

자음+모음(ㅜ)	이름	쓰는 순서	영어 표기	쓰기				
ㄱ+ㅜ	구	구	Gu	구				
ㄴ+ㅜ	누	누	Nu	누				
ㄷ+ㅜ	두	두	Du	두				
ㄹ+ㅜ	루	루	Ru	루				
ㅁ+ㅜ	무	무	Mu	무				
ㅂ+ㅜ	부	부	Bu	부				
ㅅ+ㅜ	수	수	Su	수				
ㅇ+ㅜ	우	우	U	우				
ㅈ+ㅜ	주	주	Ju	주				
ㅊ+ㅜ	추	추	Chu	추				
ㅋ+ㅜ	쿠	쿠	Ku	쿠				
ㅌ+ㅜ	투	투	Tu	투				
ㅍ+ㅜ	푸	푸	Pu	푸				
ㅎ+ㅜ	후	후	Hu	후				

O5 자음+모음(ㅡ) [Consonante + Vocal (ㅡ)]

월   일

자음+모음(ㅡ) 읽기 [Leer Consonante + Vocal (ㅡ)]

그	느	드	르	므
Geu	Neu	Deu	Reu	Meu
브	스	으	즈	츠
Beu	Seu	Eu	Jeu	Cheu
크	트	프	흐	
Keu	Teu	Peu	Heu	

자음+모음(ㅡ) 쓰기 [Escribir Consonante + Vocal (ㅡ)]

그	느	드	르	므
Geu	Neu	Deu	Reu	Meu
브	스	으	즈	츠
Beu	Seu	Eu	Jeu	Cheu
크	트	프	흐	
Keu	Teu	Peu	Heu	

05 자음+모음(ㅡ) [Consonante + Vocal (ㅡ)]

월   일

자음+모음(ㅡ) 익히기 [Aprender Consonante + Vocal (ㅡ)]

다음 자음+모음(ㅡ)을 쓰는 순서에 맞게 따라 쓰세요.

(Escriba las siguientes sílabas de consonante + vocal (ㅡ) en el orden correcto.)

자음+모음(ㅡ)	이름	쓰는 순서	영어 표기	쓰기					
ㄱ+ㅡ	그	그	Geu	그					
ㄴ+ㅡ	느	느	Neu	느					
ㄷ+ㅡ	드	드	Deu	드					
ㄹ+ㅡ	르	르	Reu	르					
ㅁ+ㅡ	므	므	Meu	므					
ㅂ+ㅡ	브	브	Beu	브					
ㅅ+ㅡ	스	스	Seu	스					
ㅇ+ㅡ	으	으	Eu	으					
ㅈ+ㅡ	즈	즈	Jeu	즈					
ㅊ+ㅡ	츠	츠	Cheu	츠					
ㅋ+ㅡ	크	크	Keu	크					
ㅌ+ㅡ	트	트	Teu	트					
ㅍ+ㅡ	프	프	Peu	프					
ㅎ+ㅡ	흐	흐	Heu	흐					

자음+모음(ㅑ) 읽기 [Leer Consonante + Vocal (ㅑ)]

갸	냐	댜	랴	먀
Gya	Nya	Dya	Rya	Mya
뱌	샤	야	쟈	챠
Bya	Sya	Ya	Jya	Chya
캬	탸	퍄	햐	
Kya	Tya	Pya	Hya	

자음+모음(ㅑ) 쓰기 [Escribir Consonante + Vocal (ㅑ)]

갸	냐	댜	랴	먀
Gya	Nya	Dya	Rya	Mya
뱌	샤	야	쟈	챠
Bya	Sya	Ya	Jya	Chya
캬	탸	퍄	햐	
Kya	Tya	Pya	Hya	

06 자음+모음(ㅑ) [Consonante + Vocal (ㅑ)]

월   일

자음+모음(ㅑ) 익히기 [Aprender Consonante + Vocal (ㅑ)]

다음 자음+모음(ㅑ)을 쓰는 순서에 맞게 따라 쓰세요.

(Escriba las siguientes sílabas de consonante + vocal (ㅑ) en el orden correcto.)

자음+모음(ㅑ)	이름	쓰는 순서	영어 표기	쓰기					
ㄱ+ㅑ	갸	갸	Gya	갸					
ㄴ+ㅑ	냐	냐	Nya	냐					
ㄷ+ㅑ	댜	댜	Dya	댜					
ㄹ+ㅑ	랴	랴	Rya	랴					
ㅁ+ㅑ	먀	먀	Mya	먀					
ㅂ+ㅑ	뱌	뱌	Bya	뱌					
ㅅ+ㅑ	샤	샤	Sya	샤					
ㅇ+ㅑ	야	야	Ya	야					
ㅈ+ㅑ	쟈	쟈	Jya	쟈					
ㅊ+ㅑ	챠	챠	Chya	챠					
ㅋ+ㅑ	캬	캬	Kya	캬					
ㅌ+ㅑ	탸	탸	Tya	탸					
ㅍ+ㅑ	퍄	퍄	Pya	퍄					
ㅎ+ㅑ	햐	햐	Hya	햐					

07 자음+모음 (ㅕ) [Consonante + Vocal (ㅕ)]

월   일

자음+모음 (ㅕ) 읽기 [Leer Consonante + Vocal (ㅕ)]

겨	녀	뎌	려	며
Gyeo	Nyeo	Dyeo	Ryeo	Myeo
벼	셔	여	져	쳐
Byeo	Syeo	Yeo	Jyeo	Chyeo
켜	텨	펴	혀	
Kya	Tyeo	Pyeo	Hyeo	

자음+모음 (ㅕ) 쓰기 [Escribir Consonante + Vocal (ㅕ)]

겨	녀	뎌	려	며
Gyeo	Nyeo	Dyeo	Rya	Myeo
벼	셔	여	져	쳐
Byeo	Syeo	Yeo	Jyeo	Chyeo
켜	텨	펴	혀	
Kyeo	Tyeo	Pyeo	Hyeo	

07 자음+모음(ㅕ) [Consonante + Vocal (ㅕ)]

월   일

자음+모음(ㅕ) 익히기 [Aprender Consonante + Vocal (ㅕ)]

다음 자음+모음(ㅕ)을 쓰는 순서에 맞게 따라 쓰세요.
(Escriba las siguientes sílabas de consonante + vocal (ㅕ) en el orden correcto.)

자음+모음(ㅕ)	이름	쓰는 순서	영어 표기	쓰기				
ㄱ+ㅕ	겨		Gyeo	겨				
ㄴ+ㅕ	녀		Nyeo	녀				
ㄷ+ㅕ	뎌		Dyeo	뎌				
ㄹ+ㅕ	려		Ryeo	려				
ㅁ+ㅕ	며		Myeo	며				
ㅂ+ㅕ	벼		Byeo	벼				
ㅅ+ㅕ	셔		Syeo	셔				
ㅇ+ㅕ	여		Yeo	여				
ㅈ+ㅕ	져		Jyeo	져				
ㅊ+ㅕ	쳐		Chyeo	쳐				
ㅋ+ㅕ	켜		Kyeo	켜				
ㅌ+ㅕ	텨		Tyeo	텨				
ㅍ+ㅕ	펴		Pyeo	펴				
ㅎ+ㅕ	혀		Hyeo	혀				

08 자음+모음(ㅛ) [Consonante + Vocal (ㅛ)]

월   일

자음+모음(ㅛ) 읽기 [Leer Consonante + Vocal (ㅛ)]

교	뇨	됴	료	묘
Gyo	Nyo	Dyo	Ryo	Myo
뵤	쇼	요	죠	쵸
Byo	Syo	Yo	Jyo	Chyo
쿄	툐	표	효	
Kyo	Tyo	Pyo	Hyo	

자음+모음(ㅛ) 쓰기 [Escribir Consonante + Vocal (ㅛ)]

Gyo	Nyo	Dyo	Ryo	Myo
Byo	Syo	Yo	Jyo	Chyo
Kyo	Tyo	Pyo	Hyo	

08 자음+모음(ㅛ) [Consonante + Vocal (ㅛ)]

월   일

자음+모음(ㅛ) 익히기 [Aprender Consonante + Vocal (ㅛ)]

다음 자음+모음(ㅛ)을 쓰는 순서에 맞게 따라 쓰세요.

(Escriba las siguientes sílabas de consonante + vocal (ㅛ) en el orden correcto.)

자음+모음(ㅛ)	이름	쓰는 순서	영어 표기	쓰기					
ㄱ+ㅛ	교	교	Gyo	교					
ㄴ+ㅛ	뇨	뇨	Nyo	뇨					
ㄷ+ㅛ	됴	됴	Dyo	됴					
ㄹ+ㅛ	료	료	Ryo	료					
ㅁ+ㅛ	묘	묘	Myo	묘					
ㅂ+ㅛ	뵤	뵤	Byo	뵤					
ㅅ+ㅛ	쇼	쇼	Syo	쇼					
ㅇ+ㅛ	요	요	Yo	요					
ㅈ+ㅛ	죠	죠	Jyo	죠					
ㅊ+ㅛ	쵸	쵸	Chyo	쵸					
ㅋ+ㅛ	쿄	쿄	Kyo	쿄					
ㅌ+ㅛ	툐	툐	Tyo	툐					
ㅍ+ㅛ	표	표	Pyo	표					
ㅎ+ㅛ	효	효	Hyo	효					

 **09 자음+모음(ㅠ)** [Consonante + Vocal (ㅠ)]

월 일

자음+모음(ㅠ) 읽기 [Leer Consonante + Vocal (ㅠ)]

규	뉴	듀	류	뮤
Gyu	Nyu	Dyu	Ryu	Myu
뷰	슈	유	쥬	츄
Byu	Syu	Yu	Jyu	Chyu
큐	튜	퓨	휴	
Kyu	Tyu	Pyu	Hyu	

자음+모음(ㅠ) 쓰기 [Escribir Consonante + Vocal (ㅠ)]

규	뉴	듀	류	뮤
Gyu	Nyu	Dyu	Ryu	Myu
뷰	슈	유	쥬	츄
Byu	Syu	Yu	Jyu	Chyu
큐	튜	퓨	휴	
Kyu	Tyu	Pyu	Hyu	

09 자음+모음(ㅠ) [Consonante + Vocal (ㅠ)]

월   일

자음+모음(ㅠ) 익히기 [Aprender Consonante + Vocal (ㅠ)]

다음 자음+모음(ㅠ)을 쓰는 순서에 맞게 따라 쓰세요.

(Escriba las siguientes sílabas de consonante + vocal (ㅠ) en el orden correcto.)

자음+모음(ㅠ)	이름	쓰는 순서	영어 표기	쓰기				
ㄱ+ㅠ	규	규	Gyu	규				
ㄴ+ㅠ	뉴	뉴	Nyu	뉴				
ㄷ+ㅠ	듀	듀	Dyu	듀				
ㄹ+ㅠ	류	류	Ryu	류				
ㅁ+ㅠ	뮤	뮤	Myu	뮤				
ㅂ+ㅠ	뷰	뷰	Byu	뷰				
ㅅ+ㅠ	슈	슈	Syu	슈				
ㅇ+ㅠ	유	유	Yu	유				
ㅈ+ㅠ	쥬	쥬	Jyu	쥬				
ㅊ+ㅠ	츄	츄	Chyu	츄				
ㅋ+ㅠ	큐	큐	Kyu	큐				
ㅌ+ㅠ	튜	튜	Tyu	튜				
ㅍ+ㅠ	퓨	퓨	Pyu	퓨				
ㅎ+ㅠ	휴	휴	Hyu	휴				

10 자음+모음(ㅣ) [Consonante + Vocal (ㅣ)]

월   일

자음+모음(ㅣ) 읽기 [Leer Consonante + Vocal (ㅣ)]

기	니	디	리	미
Gi	Ni	Di	Ri	Mi
비	시	이	지	치
Bi	Si	I	Ji	Chi
키	티	피	히	
Ki	Ti	Pi	Hi	

자음+모음(ㅣ) 쓰기 [Escribir Consonante + Vocal (ㅣ)]

기	니	디	리	미
Gi	Ni	Di	Ri	Mi
비	시	이	지	치
Bi	Si	I	Ji	Chi
키	티	피	히	
Ki	Ti	Pi	Hi	

10 자음+모음(ㅣ) [Consonante + Vocal (ㅣ)]

월   일

자음+모음(ㅣ) 익히기 [Aprender Consonante + Vocal (ㅣ)]

다음 자음+모음(ㅣ)을 쓰는 순서에 맞게 따라 쓰세요.
(Escriba las siguientes sílabas de consonante + vocal (ㅣ) en el orden correcto.)

자음+모음(ㅣ)	이름	쓰는 순서	영어 표기	쓰기				
ㄱ+ ㅣ	기	기	Gi	기				
ㄴ+ ㅣ	니	니	Ni	니				
ㄷ+ ㅣ	디	디	Di	디				
ㄹ+ ㅣ	리	리	Ri	리				
ㅁ+ ㅣ	미	미	Mi	미				
ㅂ+ ㅣ	비	비	Bi	비				
ㅅ+ ㅣ	시	시	Si	시				
ㅇ+ ㅣ	이	이	I	이				
ㅈ+ ㅣ	지	지	Ji	지				
ㅊ+ ㅣ	치	치	Chi	치				
ㅋ+ ㅣ	키	키	Ki	키				
ㅌ+ ㅣ	티	티	Ti	티				
ㅍ+ ㅣ	피	피	Pi	피				
ㅎ+ ㅣ	히	히	Hi	히				

한글 자음과 모음 받침표

월　　일

※ 참고 : 받침 'ㄱ~ㅎ'(49p~62P)에서 학습할 내용

mp3 / 받침	가	나	다	라	마	바	사	아	자	차	카	타	파	하
ㄱ	각	낙	닥	락	막	박	삭	악	작	착	칵	탁	팍	학
ㄴ	간	난	단	란	만	반	산	안	잔	찬	칸	탄	판	한
ㄷ	갇	낟	닫	랃	맏	받	삳	앋	잗	챧	캍	탇	팓	핟
ㄹ	갈	날	달	랄	말	발	살	알	잘	찰	칼	탈	팔	할
ㅁ	감	남	담	람	맘	밤	삼	암	잠	참	캄	탐	팜	함
ㅂ	갑	납	답	랍	맙	밥	삽	압	잡	찹	캅	탑	팝	합
ㅅ	갓	낫	닷	랏	맛	밧	삿	앗	잣	찻	캇	탓	팟	핫
ㅇ	강	낭	당	랑	망	방	상	앙	장	창	캉	탕	팡	항
ㅈ	갖	낮	닺	랒	맞	밪	샂	앚	잦	찾	캊	탖	팢	핫
ㅊ	갖	낯	닻	랓	맞	밫	샃	앚	잧	찿	캋	탗	팣	핫
ㅋ	갘	낰	닼	랔	맠	밬	샄	앜	잨	챀	캌	탘	팤	핰
ㅌ	같	낱	닽	랕	맡	밭	샅	앝	잩	챁	캍	탙	팥	핱
ㅍ	갚	낲	닾	랖	맢	밮	샆	앞	잪	챂	캎	탚	팦	핲
ㅎ	갛	낳	닿	랗	맣	밯	샇	앟	잫	챃	캏	탛	팧	핳

제5장

자음과 겹모음

Capítulo 5:
Consonantes y Vocales dobles

국어국립원의 '우리말샘'에 등록되지 않은 글자. 또는 쓰임이 적은 글자를 아래와 같이 수록하니, 학습에 참고하시길 바랍니다.

01 자음+겹모음(ㅐ)

[Consonante + Vocal doble (ㅐ)]

월   일

자음+겹모음(ㅐ) [Consonante + Vocal doble (ㅐ)]

다음 자음+겹모음(ㅐ)을 쓰는 순서에 맞게 따라 쓰세요.

(Escriba las siguientes sílabas de consonante + vocal doble (ㅐ) en el orden correcto.)

자음+겹모음(ㅐ)	영어 표기	쓰기						
ㄱ+ㅐ	Gae	개						
ㄴ+ㅐ	Nae	내						
ㄷ+ㅐ	Dae	대						
ㄹ+ㅐ	Rae	래						
ㅁ+ㅐ	Mae	매						
ㅂ+ㅐ	Bae	배						
ㅅ+ㅐ	Sae	새						
ㅇ+ㅐ	Ae	애						
ㅈ+ㅐ	Jae	재						
ㅊ+ㅐ	Chae	채						
ㅋ+ㅐ	Kae	캐						
ㅌ+ㅐ	Tae	태						
ㅍ+ㅐ	Pae	패						
ㅎ+ㅐ	Hae	해						

O2 자음+겹모음(ㅔ)

[Consonante + Vocal doble (ㅔ)]

월   일

자음+겹모음(ㅔ) [Consonante + Vocal doble (ㅔ)]

다음 자음+겹모음(ㅔ)을 쓰는 순서에 맞게 따라 쓰세요.

(Escriba las siguientes sílabas de consonante + vocal doble (ㅔ) en el orden correcto.)

자음+겹모음(ㅔ)	영어 표기	쓰기				
ㄱ+ㅔ	Ge	게				
ㄴ+ㅔ	Ne	네				
ㄷ+ㅔ	De	데				
ㄹ+ㅔ	Re	레				
ㅁ+ㅔ	Me	메				
ㅂ+ㅔ	Be	베				
ㅅ+ㅔ	Se	세				
ㅇ+ㅔ	E	에				
ㅈ+ㅔ	Je	제				
ㅊ+ㅔ	Che	체				
ㅋ+ㅔ	Ke	케				
ㅌ+ㅔ	Te	테				
ㅍ+ㅔ	Pe	페				
ㅎ+ㅔ	He	헤				

제5장 자음과 겹모음 • 41

O3 자음+겹모음(ㅖ)
[Consonante + Vocal doble (ㅖ)]

월   일

자음+겹모음(ㅖ) [Consonante + Vocal doble (ㅖ)]

다음 자음+겹모음(ㅖ)을 쓰는 순서에 맞게 따라 쓰세요.
(Escriba las siguientes sílabas de consonante + vocal doble (ㅖ) en el orden correcto.)

자음+겹모음(ㅖ)	영어 표기	쓰기						
ㄱ+ㅖ	Gye	계						
ㄴ+ㅖ	Nye	녜						
ㄷ+ㅖ	Dye	뎨						
ㄹ+ㅖ	Rye	례						
ㅁ+ㅖ	Mye	몌						
ㅂ+ㅖ	Bye	볘						
ㅅ+ㅖ	Sye	셰						
ㅇ+ㅖ	Ye	예						
ㅈ+ㅖ	Jye	졔						
ㅊ+ㅖ	Chye	쳬						
ㅋ+ㅖ	Kye	켸						
ㅌ+ㅖ	Tye	톄						
ㅍ+ㅖ	Pye	폐						
ㅎ+ㅖ	Hye	혜						

자음+겹모음(ㅘ)
[Consonante + Vocal doble (ㅘ)]

월   일

자음+겹모음(ㅘ) [Consonante + Vocal doble (ㅘ)]

다음 자음+겹모음(ㅘ)을 쓰는 순서에 맞게 따라 쓰세요.

(Escriba las siguientes sílabas de consonante + vocal doble (ㅘ) en el orden correcto.)

자음+겹모음(ㅘ)	영어 표기	쓰기						
ㄱ+ㅘ	Gwa	과						
ㄴ+ㅘ	Nwa	놔						
ㄷ+ㅘ	Dwa	돠						
ㄹ+ㅘ	Rwa	롸						
ㅁ+ㅘ	Mwa	뫄						
ㅂ+ㅘ	Bwa	봐						
ㅅ+ㅘ	Swa	솨						
ㅇ+ㅘ	Wa	와						
ㅈ+ㅘ	Jwa	좌						
ㅊ+ㅘ	Chwa	촤						
ㅋ+ㅘ	Kwa	콰						
ㅌ+ㅘ	Twa	톼						
ㅍ+ㅘ	Pwa	퐈						
ㅎ+ㅘ	Hwa	화						

05 자음+겹모음(ㅙ)
[Consonante + Vocal doble (ㅙ)]

월   일

자음+겹모음(ㅙ) [Consonante + Vocal doble (ㅙ)]

다음 자음+겹모음(ㅙ)을 쓰는 순서에 맞게 따라 쓰세요.

(Escriba las siguientes sílabas de consonante + vocal doble (ㅙ) en el orden correcto.)

자음+겹모음(ㅙ)	영어 표기	쓰기							
ㄱ+ㅙ	Gwae	괘							
ㄴ+ㅙ	Nwae	놰							
ㄷ+ㅙ	Dwae	돼							
ㄹ+ㅙ	Rwae	뢔							
ㅁ+ㅙ	Mwae	뫠							
ㅂ+ㅙ	Bwae	봬							
ㅅ+ㅙ	Swae	쇄							
ㅇ+ㅙ	Wae	왜							
ㅈ+ㅙ	Jwae	좨							
ㅊ+ㅙ	Chwae	쵀							
ㅋ+ㅙ	Kwae	쾌							
ㅌ+ㅙ	Twae	퇘							
ㅍ+ㅙ	Pwae	퐤							
ㅎ+ㅙ	Hwae	홰							

자음+겹모음(ㅚ)
[Consonante + Vocal doble (ㅚ)]

월   일

자음+겹모음(ㅚ) [Consonante + Vocal doble (ㅚ)]

다음 자음+겹모음(ㅚ)을 쓰는 순서에 맞게 따라 쓰세요.
(Escriba las siguientes sílabas de consonante + vocal doble (ㅚ) en el orden correcto.)

자음+겹모음(ㅚ)	영어 표기	쓰기						
ㄱ+ㅚ	Goe	괴						
ㄴ+ㅚ	Noe	뇌						
ㄷ+ㅚ	Doe	되						
ㄹ+ㅚ	Roe	뢰						
ㅁ+ㅚ	Moe	뫼						
ㅂ+ㅚ	Boe	뵈						
ㅅ+ㅚ	Soe	쇠						
ㅇ+ㅚ	Oe	외						
ㅈ+ㅚ	Joe	죄						
ㅊ+ㅚ	Choe	최						
ㅋ+ㅚ	Koe	쾨						
ㅌ+ㅚ	Toe	퇴						
ㅍ+ㅚ	Poe	푀						
ㅎ+ㅚ	Hoe	회						

07 자음+겹모음(ㅝ)
[Consonante + Vocal doble (ㅝ)]

월   일

자음+겹모음(ㅝ) [Consonante + Vocal doble (ㅝ)]

다음 자음+겹모음(ㅝ)을 쓰는 순서에 맞게 따라 쓰세요.

(Escriba las siguientes sílabas de consonante + vocal doble (ㅝ) en el orden correcto.)

자음+겹모음(ㅝ)	영어 표기	쓰기				
ㄱ+ㅝ	Gwo	궈				
ㄴ+ㅝ	Nwo	눠				
ㄷ+ㅝ	Dwo	둬				
ㄹ+ㅝ	Rwo	뤄				
ㅁ+ㅝ	Mwo	뭐				
ㅂ+ㅝ	Bwo	붜				
ㅅ+ㅝ	Swo	숴				
ㅇ+ㅝ	Wo	워				
ㅈ+ㅝ	Jwo	줘				
ㅊ+ㅝ	Chwo	춰				
ㅋ+ㅝ	Kwo	쿼				
ㅌ+ㅝ	Two	퉈				
ㅍ+ㅝ	Pwo	풔				
ㅎ+ㅝ	Hwo	훠				

08 자음+겹모음(ㅟ)
[Consonante + Vocal doble (ㅟ)]

월   일

자음+겹모음(ㅟ) [Consonante + Vocal doble (ㅟ)]

다음 자음+겹모음(ㅟ)을 쓰는 순서에 맞게 따라 쓰세요.

(Escriba las siguientes sílabas de consonante + vocal doble (ㅟ) en el orden correcto.)

자음+겹모음(ㅟ)	영어 표기	쓰기						
ㄱ+ㅟ	Gwi	귀						
ㄴ+ㅟ	Nwi	뉘						
ㄷ+ㅟ	Dwi	뒤						
ㄹ+ㅟ	Rwi	뤼						
ㅁ+ㅟ	Mwi	뮈						
ㅂ+ㅟ	Bwi	뷔						
ㅅ+ㅟ	Swi	쉬						
ㅇ+ㅟ	Wi	위						
ㅈ+ㅟ	Jwi	쥐						
ㅊ+ㅟ	Chwi	취						
ㅋ+ㅟ	Kwi	퀴						
ㅌ+ㅟ	Twi	튀						
ㅍ+ㅟ	Pwi	퓌						
ㅎ+ㅟ	Hwi	휘						

09 자음+겹모음(ㅟ)
[Consonante + Vocal doble (ㅟ)]

월   일

자음+겹모음(ㅟ) [Consonante + Vocal doble (ㅟ)]

다음 자음+겹모음(ㅟ)을 쓰는 순서에 맞게 따라 쓰세요.

(Escriba las siguientes sílabas de consonante + vocal doble (ㅟ) en el orden correcto.)

자음+겹모음(ㅟ)	영어 표기	쓰기					
ㄱ+ㅟ	Gwi	귀					
ㄴ+ㅟ	Nwi	뉘					
ㄷ+ㅟ	Dwi	뒤					
ㄹ+ㅟ	Rwi	뤼					
ㅁ+ㅟ	Mwi	뮈					
ㅂ+ㅟ	Bwi	뷔					
ㅅ+ㅟ	Swi	쉬					
ㅇ+ㅟ	Wi	위					
ㅈ+ㅟ	Jwi	쥐					
ㅊ+ㅟ	Chwi	취					
ㅋ+ㅟ	Kwi	퀴					
ㅌ+ㅟ	Twi	튀					
ㅍ+ㅟ	Pwi	퓌					
ㅎ+ㅟ	Hwi	휘					

10 받침 ㄱ(기역)이 있는 글자
[Sílabas que terminan con la consonante 'ㄱ'(giyeok)]

월   일

받침 ㄱ(기역) [Consonante final 'ㄱ'(giyeok)]

다음 받침 ㄱ(기역)이 들어간 글자를 쓰는 순서에 맞게 따라 쓰세요.
(Escriba las siguientes sílabas con la consonante final 'ㄱ'(giyeok) según orden de trazo correcto.)

받침 ㄱ(기역)	영어 표기	쓰기						
가+ㄱ	Gak	각						
나+ㄱ	Nak	낙						
다+ㄱ	Dak	닥						
라+ㄱ	Rak	락						
마+ㄱ	Mak	막						
바+ㄱ	Bak	박						
사+ㄱ	Sak	삭						
아+ㄱ	Ak	악						
자+ㄱ	Jak	작						
차+ㄱ	Chak	착						
카+ㄱ	Kak	칵						
타+ㄱ	Tak	탁						
파+ㄱ	Pak	팍						
하+ㄱ	Hak	학						

11 받침 ㄴ(니은)이 있는 글자
[Sílabas que terminan con la consonante 'ㄴ'(Nieun)]

월 일

ㄴ 받침 ㄴ(니은) [Consonante final 'ㄴ'(Nieun)]

다음 받침 ㄴ(니은)이 들어간 글자를 쓰는 순서에 맞게 따라 쓰세요.
(Escriba las siguientes sílabas con la consonante final 'ㄴ'(Nieun) según orden de trazo correcto.)

받침 ㄴ(니은)	영어 표기	쓰기						
가+ㄴ	Gan	간						
나+ㄴ	Nan	난						
다+ㄴ	Dan	단						
라+ㄴ	Ran	란						
마+ㄴ	Man	만						
바+ㄴ	Ban	반						
사+ㄴ	San	산						
아+ㄴ	An	안						
자+ㄴ	Jan	잔						
차+ㄴ	Chan	찬						
카+ㄴ	Kan	칸						
타+ㄴ	Tan	탄						
파+ㄴ	Pan	판						
하+ㄴ	Han	한						

12 받침 ㄷ(디귿)이 있는 글자
[Sílabas que terminan con la consonante 'ㄷ'(Digeut)]

월   일

받침 ㄷ(디귿) [Consonante final 'ㄷ'(Digeut)]

다음 받침 ㄷ(디귿)이 들어간 글자를 쓰는 순서에 맞게 따라 쓰세요.

(Escriba las siguientes sílabas con la consonante final 'ㄷ'(Digeut) según orden de trazo correcto.)

받침 ㄷ(디귿)	영어 표기	쓰기					
가+ㄷ	Gat	갇					
나+ㄷ	Nat	낟					
다+ㄷ	Dat	닫					
라+ㄷ	Rat	랃					
마+ㄷ	Mat	맏					
바+ㄷ	Bat	받					
사+ㄷ	Sat	삳					
아+ㄷ	At	앋					
자+ㄷ	Jat	잗					
차+ㄷ	Chat	찯					
카+ㄷ	Kat	칻					
타+ㄷ	Tat	탇					
파+ㄷ	Pat	팓					
하+ㄷ	Hat	핟					

월   일

ㄹ 받침 ㄹ(리을) [Consonante final 'ㄹ'(Rieul)]

다음 받침 ㄹ(리을)이 들어간 글자를 쓰는 순서에 맞게 따라 쓰세요.

(Escriba las siguientes sílabas con la consonante final 'ㄹ'(Rieul) según orden de trazo correcto.)

받침 ㄹ(리을)	영어 표기	쓰기				
가+ㄹ	Gal	갈				
나+ㄹ	Nal	날				
다+ㄹ	Dal	달				
라+ㄹ	Ral	랄				
마+ㄹ	Mal	말				
바+ㄹ	Bal	발				
사+ㄹ	Sal	살				
아+ㄹ	Al	알				
자+ㄹ	Jal	잘				
차+ㄹ	Chal	찰				
카+ㄹ	Kal	칼				
타+ㄹ	Tal	탈				
파+ㄹ	Pal	팔				
하+ㄹ	Hal	할				

14 받침 ㅁ(미음)이 있는 글자
[Sílabas que terminan con la consonante 'ㅁ'(Mieum)]

월   일

받침 ㅁ(미음) [Consonante final 'ㅁ'(Mieum)]

다음 받침 ㅁ(미음)이 들어간 글자를 쓰는 순서에 맞게 따라 쓰세요.

(Escriba las siguientes sílabas con la consonante final 'ㅁ'(Mieum) según orden de trazo correcto.)

받침 ㅁ(미음)	영어 표기	쓰기					
가+ㅁ	Gam	감					
나+ㅁ	Nam	남					
다+ㅁ	Dam	담					
라+ㅁ	Ram	람					
마+ㅁ	Mam	맘					
바+ㅁ	Bam	밤					
사+ㅁ	Sam	삼					
아+ㅁ	Am	암					
자+ㅁ	Jam	잠					
차+ㅁ	Cham	참					
카+ㅁ	Kam	캄					
타+ㅁ	Tam	탐					
파+ㅁ	Pam	팜					
하+ㅁ	Ham	함					

받침 ㅂ(비읍)이 있는 글자
[Sílabas que terminan con la consonante 'ㅂ'(Bieup)]

월 일

받침 ㅂ(비읍) [Consonante final 'ㅂ'(Bieup)]

다음 받침 ㅂ(비읍)이 들어간 글자를 쓰는 순서에 맞게 따라 쓰세요.
(Escriba las siguientes sílabas con la consonante final 'ㅂ'(Bieup) según orden de trazo correcto.)

받침 ㅂ(비읍)	영어 표기	쓰기						
가+ㅂ	Gap	갑						
나+ㅂ	Nap	납						
다+ㅂ	Dap	답						
라+ㅂ	Rap	랍						
마+ㅂ	Map	맙						
바+ㅂ	Bap	밥						
사+ㅂ	Sap	삽						
아+ㅂ	Ap	압						
자+ㅂ	Jap	잡						
차+ㅂ	Chap	찹						
카+ㅂ	Kap	캅						
타+ㅂ	Tap	탑						
파+ㅂ	Pap	팝						
하+ㅂ	Hap	합						

16 받침 ㅅ(시옷)이 있는 글자
[Sílabas que terminan con la consonante 'ㅅ'(Siot)]

월   일

받침 ㅅ(시옷) [Consonante final 'ㅅ'(Siot)]

다음 받침 ㅅ(시옷)이 들어간 글자를 쓰는 순서에 맞게 따라 쓰세요.

(Escriba las siguientes sílabas con la consonante final 'ㅅ'(Siot) según orden de trazo correcto.)

받침 ㅅ(시옷)	영어 표기	쓰기						
가+ㅅ	Gat	갓						
나+ㅅ	Nat	낫						
다+ㅅ	Dat	닷						
라+ㅅ	Rat	랏						
마+ㅅ	Mat	맛						
바+ㅅ	Bat	밧						
사+ㅅ	Sat	삿						
아+ㅅ	At	앗						
자+ㅅ	Jat	잣						
차+ㅅ	Chat	찻						
카+ㅅ	Kat	캇						
타+ㅅ	Tat	탓						
파+ㅅ	Pat	팟						
하+ㅅ	Hat	핫						

받침 ㅇ(이응) [Consonante final 'ㅇ'(leung)]

다음 받침 ㅇ(이응)이 들어간 글자를 쓰는 순서에 맞게 따라 쓰세요.
(Escriba las siguientes sílabas con la consonante final 'ㅇ'(Ieung) según orden de trazo correcto.)

받침 ㅇ(이응)	영어 표기	쓰기						
가+ㅇ	Gang	강						
나+ㅇ	Nang	낭						
다+ㅇ	Dang	당						
라+ㅇ	Rang	랑						
마+ㅇ	Mang	망						
바+ㅇ	Bang	방						
사+ㅇ	Sang	상						
아+ㅇ	Ang	앙						
자+ㅇ	Jang	장						
차+ㅇ	Chang	창						
카+ㅇ	Kang	캉						
타+ㅇ	Tang	탕						
파+ㅇ	Pang	팡						
하+ㅇ	Hang	항						

⑱ 받침 ㅈ(지읒)이 있는 글자
[Sílabas que terminan con la consonante 'ㅈ'(Jieut)]

월   일

받침 ㅈ(지읒) [Consonante final 'ㅈ'(Jieut)]

다음 받침 ㅈ(지읒)이 들어간 글자를 쓰는 순서에 맞게 따라 쓰세요.

(Escriba las siguientes sílabas con la consonante final 'ㅈ'(Jieut) según orden de trazo correcto.)

받침 ㅈ(지읒)	영어 표기	쓰기					
가+ㅈ	Gat	갖					
나+ㅈ	Nat	낮					
다+ㅈ	Dat	닺					
라+ㅈ	Rat	랒					
마+ㅈ	Mat	맞					
바+ㅈ	Bat	밫					
사+ㅈ	Sat	샂					
아+ㅈ	At	앚					
자+ㅈ	Jat	잦					
차+ㅈ	Chat	찿					
카+ㅈ	Kat	캊					
타+ㅈ	Tat	탖					
파+ㅈ	Pat	팢					
하+ㅈ	Hat	핫					

월   일

받침 ㅊ(치읓) [Consonante final 'ㅊ'(Chieut)]

다음 받침 ㅊ(치읓)이 들어간 글자를 쓰는 순서에 맞게 따라 쓰세요.
(Escriba las siguientes sílabas con la consonante final 'ㅊ'(Chieut) según orden de trazo correcto.)

받침 ㅊ(치읓)	영어 표기	쓰기						
가+ㅊ	Gat	갖						
나+ㅊ	Nat	낮						
다+ㅊ	Dat	닺						
라+ㅊ	Rat	랒						
마+ㅊ	Mat	맞						
바+ㅊ	Bat	밫						
사+ㅊ	Sat	샃						
아+ㅊ	At	앚						
자+ㅊ	Jat	잦						
차+ㅊ	Chat	찾						
카+ㅊ	Kat	캊						
타+ㅊ	Tat	탗						
파+ㅊ	Pat	팣						
하+ㅊ	Hat	핮						

받침 ㅋ(키읔)이 있는 글자
[Sílabas que terminan con la consonante 'ㅋ'(Kieuk)]

월   일

받침 ㅋ(키읔) [Consonante final 'ㅋ'(Kieuk)]

다음 받침 ㅋ(키읔)이 들어간 글자를 쓰는 순서에 맞게 따라 쓰세요.

(Escriba las siguientes sílabas con la consonante final 'ㅋ'(Kieuk) según orden de trazo correcto.)

받침 ㅋ(키읔)	영어 표기	쓰기						
가+ㅋ	Gak	각						
나+ㅋ	Nak	낙						
다+ㅋ	Dak	닥						
라+ㅋ	Rak	락						
마+ㅋ	Mak	막						
바+ㅋ	Bak	박						
사+ㅋ	Sak	삭						
아+ㅋ	Ak	악						
자+ㅋ	Jak	작						
차+ㅋ	Chak	착						
카+ㅋ	Kak	칵						
타+ㅋ	Tak	탁						
파+ㅋ	Pak	팍						
하+ㅋ	Hak	학						

21 받침 ㅌ(티읕)이 있는 글자

[Sílabas que terminan con la consonante 'ㅌ'(Tieut)]

월   일

받침 ㅌ(티읕) [Consonante final 'ㅌ'(Tieut)]

다음 받침 ㅌ(티읕)이 들어간 글자를 쓰는 순서에 맞게 따라 쓰세요.

(Escriba las siguientes sílabas con la consonante final 'ㅌ'(Tieut) según orden de trazo correcto.)

받침 ㅌ(티읕)	영어 표기	쓰기						
가+ㅌ	Gat	같						
나+ㅌ	Nat	낱						
다+ㅌ	Dat	닽						
라+ㅌ	Rat	랕						
마+ㅌ	Mat	맡						
바+ㅌ	Bat	밭						
사+ㅌ	Sat	샅						
아+ㅌ	At	앝						
자+ㅌ	Jat	잩						
차+ㅌ	Chat	챁						
카+ㅌ	Kat	캍						
타+ㅌ	Tat	탙						
파+ㅌ	Pat	팥						
하+ㅌ	Hat	핱						

22 받침 ㅍ(피읖)이 있는 글자
[Sílabas que terminan con la consonante 'ㅍ'(Pieup)]

월   일

받침 ㅍ(피읖) [Consonante final 'ㅍ'(Pieup)]

다음 받침 ㅍ(피읖)이 들어간 글자를 쓰는 순서에 맞게 따라 쓰세요.

(Escriba las siguientes sílabas con la consonante final 'ㅍ'(Pieup) según orden de trazo correcto.)

받침 ㅍ(피읖)	영어 표기	쓰기							
가+ㅍ	Gap	갚							
나+ㅍ	Nap	낲							
다+ㅍ	Dap	닾							
라+ㅍ	Rap	랖							
마+ㅍ	Map	맢							
바+ㅍ	Bap	밮							
사+ㅍ	Sap	샆							
아+ㅍ	Ap	앞							
자+ㅍ	Jap	잪							
차+ㅍ	Chap	챂							
카+ㅍ	Kap	캎							
타+ㅍ	Tap	탚							
파+ㅍ	Pap	팦							
하+ㅍ	Hap	핲							

23 받침 ㅎ(히읗)이 있는 글자

[Sílabas que terminan con la consonante 'ㅎ'(Hieut)]

월   일

⋮ 받침 ㅎ(히읗) [Consonante final 'ㅎ'(Hieut)]

다음 받침 ㅎ(히읗)이 들어간 글자를 쓰는 순서에 맞게 따라 쓰세요.

(Escriba las siguientes sílabas con la consonante final 'ㅎ'(Hieut) según orden de trazo correcto.)

받침 ㅎ(히읗)	영어 표기	쓰기					
가+ㅎ	Gat	갛					
나+ㅎ	Nat	낳					
다+ㅎ	Dat	닿					
라+ㅎ	Rat	랗					
마+ㅎ	Mat	맣					
바+ㅎ	Bat	밯					
사+ㅎ	Sat	샇					
아+ㅎ	At	앟					
자+ㅎ	Jat	잫					
차+ㅎ	Chat	챃					
카+ㅎ	Kat	캏					
타+ㅎ	Tat	탛					
파+ㅎ	Pat	팧					
하+ㅎ	Hat	핳					

제6장

주제별 낱말

Capítulo 6:
Palabras por temas

01 과일 [Frutas]

월 일

■ 다음을 쓰는 순서에 맞게 따라 쓰세요.
(Escriba lo siguiente según el orden correcto.)

사	과				
배					
바	나	나			
딸	기				
토	마	토			

사과 manzana

배 pera

바나나 plátano

딸기 fresa

토마토 tomate

01 과일 [Frutas]

월   일

■ 다음을 쓰는 순서에 맞게 따라 쓰세요.
(Escriba lo siguiente según el orden correcto.)

수	박				
복	숭	아			
오	렌	지			
귤					
키	위				

수박 sandía

복숭아 durazno

오렌지 naranja

귤 mandarina

키위 kiwi

O1 과일 [Frutas]

월   일

■ 다음을 쓰는 순서에 맞게 따라 쓰세요.
(Escriba lo siguiente según el orden correcto.)

참	외							

참외 Melón coreano

파	인	애	플					

파인애플 piña

레	몬							

레몬 limón

감								

감 caqui

포	도							

포도 uva

O2 동물 [Animales]

■ 다음을 쓰는 순서에 맞게 따라 쓰세요.
(Escriba lo siguiente según el orden correcto.)

타	조					

타조 avestruz

호	랑	이				

호랑이 tigre

사	슴					

사슴 ciervo

고	양	이				

고양이 gato

여	우					

여우 zorro

동물 [Animales]

월   일

■ 다음을 쓰는 순서에 맞게 따라 쓰세요.
　(Escriba lo siguiente según el orden correcto.)

사 자						
코 끼 리						
돼 지						
강 아 지						
토 끼						

사자 león

코끼리 elefante

돼지 cerdo

강아지 perro

토끼 conejo

02 동물 [Animales]

월   일

■ 다음을 쓰는 순서에 맞게 따라 쓰세요.
(Escriba lo siguiente según el orden correcto.)

기	린					

기린 jirafa

곰						

곰 oso

원	숭	이				

원숭이 mono

너	구	리				

너구리 mapache

거	북	이				

거북이 tortuga

채소 [Verduras]

월   일

■ 다음을 쓰는 순서에 맞게 따라 쓰세요.
(Escriba lo siguiente según el orden correcto.)

배	추				
당	근				
마	늘				
시	금	치			
미	나	리			

배추 col

당근 zanahoria

마늘 ajo

시금치 espinaca

미나리 perejil de agua

03 채소 [Verduras]

월   일

■ 다음을 쓰는 순서에 맞게 따라 쓰세요.
  (Escriba lo siguiente según el orden correcto.)

무						
상	추					
양	파					
부	추					
감	자					

무 rábano

상추 lechuga

양파 cebolla

부추 puerro

감자 papa

채소 [Verduras]

월   일

■ 다음을 쓰는 순서에 맞게 따라 쓰세요.
(Escriba lo siguiente según el orden correcto.)

오이						

오이 pepino

파						

파 cebolla verde

가지						

가지 berenjena

고추						

고추 pimiento

양배추					

양배추 repollo

직업 [Ocupaciones]

월   일

■ 다음을 쓰는 순서에 맞게 따라 쓰세요.
(Escriba lo siguiente según el orden correcto.)

경	찰	관				

경찰관 policía

소	방	관				

소방관 bombero

요	리	사				

요리사 cocinero(a)

환	경	미	화	원		

환경미화원
trabajador sanitario

화	가					

화가 pintor

O4

직업 [Ocupaciones]

월 일

■ 다음을 쓰는 순서에 맞게 따라 쓰세요.
(Escriba lo siguiente según el orden correcto.)

간호사 enfermero

간	호	사				

회사원 oficinista

회	사	원				

미용사 peluquero

미	용	사				

가수 cantante

가	수					

소설가 novelista

소	설	가				

O4 직업 [Ocupaciones]

월   일

■ 다음을 쓰는 순서에 맞게 따라 쓰세요.
(Escriba lo siguiente según el orden correcto.)

의	사					
선	생	님				
주	부					
운	동	선	수			
우	편	집	배	원		

의사 médico

선생님 profesor

주부 ama de casa

운동선수 deportista

우편집배원
trabajador postal

O5 음식 [Comida]

월   일

■ 다음을 쓰는 순서에 맞게 따라 쓰세요.
  (Escriba lo siguiente según el orden correcto.)

김	치	찌	개			

김치찌개
estofado de kimchi

미	역	국				

미역국 sopa de algas

김	치	볶	음	밥		

김치볶음밥
arroz frito con kimchi

돈	가	스				

돈가스 chuleta de cerdo

국	수					

국수 fideos

음식 [Comida]

■ 다음을 쓰는 순서에 맞게 따라 쓰세요.
(Escriba lo siguiente según el orden correcto.)

된	장	찌	개				
불	고	기					
김	밥						
라	면						
떡							

된장찌개
estofado de soja fermentada

불고기 bulgogi

김밥 kimbap

라면 ramen

떡 pastel de arroz

음식 [Comida]

월   일

■ 다음을 쓰는 순서에 맞게 따라 쓰세요.
  (Escriba lo siguiente según el orden correcto.)

순	두	부	찌	개			
비	빔	밥					
만	두						
피	자						
케	이	크					

순두부찌개
estofado de tofu suave

비빔밥 bibimbap

만두 empanadillas

피자 pizza

케이크 pastel

위치 [Ubicación]

월　일

■ 다음을 쓰는 순서에 맞게 따라 쓰세요.
(Escriba lo siguiente según el orden correcto.)

앞						
뒤						
위						
아	래					
오	른	쪽				

앞 adelante

뒤 atrás

위 arriba

아래 abajo

오른쪽 derecha

06 위치 [Ubicación]

월   일

■ 다음을 쓰는 순서에 맞게 따라 쓰세요.
(Escriba lo siguiente según el orden correcto.)

왼	쪽					
옆						
안						
밖						
밑						

왼쪽 izquierda

옆 al lado

안 dentro

밖 fuera

밑 debajo

80 ● 스페인어를 사용하는 국민을 위한 기초 한글 배우기(남미)
Aprendizaje de coreano básico para hispanohablantes(latinoamericano)

위치 [Ubicación]

월   일

■ 다음을 쓰는 순서에 맞게 따라 쓰세요.
   (Escriba lo siguiente según el orden correcto.)

사이 entre

사	이				

동쪽 este

동	쪽				

서쪽 oeste

서	쪽				

남쪽 sur

남	쪽				

북쪽 norte

북	쪽				

07

탈 것 [Vehículos]

월   일

■ 다음을 쓰는 순서에 맞게 따라 쓰세요.
(Escriba lo siguiente según el orden correcto.)

버	스					
비	행	기				
배						
오	토	바	이			
소	방	차				

버스 autobús

비행기 avión

배 barco

오토바이
motocicleta

소방차
camión de bomberos

07 **탈것** [Vehículos]

월   일

■ 다음을 쓰는 순서에 맞게 따라 쓰세요.
(Escriba lo siguiente según el orden correcto.)

자	동	차				
지	하	철				
기	차					
헬	리	콥	터			
포	클	레	인			

자동차 carro

지하철 metro

기차 tren

헬리콥터 helicóptero

포클레인 excavadora

탈것 [Vehículos]

■ 다음을 쓰는 순서에 맞게 따라 쓰세요.
(Escriba lo siguiente según el orden correcto.)

택시 taxi

택	시					

자전거 bicicleta

자	전	거				

트럭 camión

트	럭					

구급차 ambulancia

구	급	차				

기구 globo

기	구					

08 **장소** [Lugar]

월   일

■ 다음을 쓰는 순서에 맞게 따라 쓰세요.
(Escriba lo siguiente según el orden correcto.)

집							
학	교						
백	화	점					
우	체	국					
약	국						

집 casa

학교 escuela

백화점 centro comercial

우체국
oficina de correo postal

약국 farmacia

■ 다음을 쓰는 순서에 맞게 따라 쓰세요.
(Escriba lo siguiente según el orden correcto.)

시 장					
식 당					
슈 퍼 마 켓					
서 점					
공 원					

시장 mercado

식당 restaurante

슈퍼마켓 supermercado

서점 librería

공원 parque

08 장소 [Lugar]

■ 다음을 쓰는 순서에 맞게 따라 쓰세요.
(Escriba lo siguiente según el orden correcto.)

은행 banco

은	행					

병원 hospital

병	원					

문구점 papelería

문	구	점				

미용실 peluquería

미	용	실				

극장 teatro

극	장					

계절, 날씨 [Estación, clima]

월 일

■ 다음을 쓰는 순서에 맞게 따라 쓰세요.
 (Escriba lo siguiente según el orden correcto.)

봄							
여 름							
가 을							
겨 울							
맑 다							

봄 primavera

여름 verano

가을 otoño

겨울 invierno

맑다 cielo despejado

09 계절, 날씨 [Estación, clima]

월   일

■ 다음을 쓰는 순서에 맞게 따라 쓰세요.
(Escriba lo siguiente según el orden correcto.)

흐	리	다					

흐리다 nublado

바	람	이		분	다		

바람이 분다 ventoso

비	가		온	다			

비가 온다 llueve

비	가		그	친	다		

비가 그친다 deja de llover

눈	이		온	다			

눈이 온다 nieva

제6장 주제별 낱말 • **89**

O9

계절, 날씨 [Estación, clima]

월   일

■ 다음을 쓰는 순서에 맞게 따라 쓰세요.
　(Escriba lo siguiente según el orden correcto.)

구	름	이		낀	다

구름이 낀다 nuboso

덥	다	

덥다 caluroso

춥	다	

춥다 frío

따	뜻	하	다

따뜻하다 cálido

시	원	하	다

시원하다 fresco

10 집 안의 사물 [Objetos de la casa]

월   일

■ 다음을 쓰는 순서에 맞게 따라 쓰세요.
  (Escriba lo siguiente según el orden correcto.)

소	파				
욕	조				
거	울				
샤	워	기			
변	기				

소파 sofá

욕조 tina

거울 espejo

샤워기 ducha

변기 inodoro

10 집 안의 사물 [Objetos de la casa]

월 일

■ 다음을 쓰는 순서에 맞게 따라 쓰세요.
(Escriba lo siguiente según el orden correcto.)

싱	크	대				
부	엌					
거	실					
안	방					
옷	장					

싱크대 fregadero

부엌 cocina

거실 sala

안방 dormitorio principal

옷장 armario

10 집 안의 사물 [Objetos de la casa]

월   일

■ 다음을 쓰는 순서에 맞게 따라 쓰세요.
(Escriba lo siguiente según el orden correcto.)

화	장	대			
식	탁				
책	장				
작	은	방			
침	대				

화장대
mesa de maquillaje

식탁 mesa de comedor

책장 estantería

작은방
habitación pequeña

침대 cama

가족 명칭 [Familia]

■ 다음을 쓰는 순서에 맞게 따라 쓰세요.
(Escriba lo siguiente según el orden correcto.)

할	머	니				
할	아	버	지			
아	버	지				
어	머	니				
오	빠					

할머니 abuela

할아버지 abuelo

아버지 padre

어머니 madre

오빠
hermano mayor
(de una mujer)

11 가족 명칭 [Familia]

월 일

■ 다음을 쓰는 순서에 맞게 따라 쓰세요.
(Escriba lo siguiente según el orden correcto.)

형
hermano mayor
(de un hombre)

나 yo

남동생 hermano menor

여동생 hermana menor

언니
hermana mayor
(de una mujer)

형						
나						
남	동	생				
여	동	생				
언	니					

■ 다음을 쓰는 순서에 맞게 따라 쓰세요.
(Escriba lo siguiente según el orden correcto.)

누나 hermana mayor
(de un hombre)

누	나				

삼촌 tío paterno

삼	촌				

고모 tía paterna

고	모				

이모 tía materna

이	모				

이모부 tío materno

이	모	부			

12 학용품 [Útiles escolares]

월   일

■ 다음을 쓰는 순서에 맞게 따라 쓰세요.
(Escriba lo siguiente según el orden correcto.)

공책 cuaderno

공	책				

스케치북
cuaderno de bocetos

스	케	치	북		

색연필
lápices de colores

색	연	필			

가위 tijeras

가	위				

풀 pegamento

풀					

12

학용품 [Útiles escolares]

월 　일

■ 다음을 쓰는 순서에 맞게 따라 쓰세요.
(Escriba lo siguiente según el orden correcto.)

일	기	장				

일기장 diario

연	필					

연필 lápiz

칼						

칼 cuchillo cartonero

물	감					

물감 pintura

자						

자 regla

98 ● 스페인어를 사용하는 국민을 위한 기초 한글 배우기(남미)
Aprendizaje de coreano básico para hispanohablantes(latinoamericano)

12 학용품 [Útiles escolares]

월 일

■ 다음을 쓰는 순서에 맞게 따라 쓰세요.
(Escriba lo siguiente según el orden correcto.)

색	종	이					

색종이 papel de colores

사	인	펜					

사인펜 plumón

크	레	파	스				

크레파스 crayón

붓							

붓 pincel

지	우	개					

지우개 borrador

13 꽃 [Flores]

13

월 일

■ 다음을 쓰는 순서에 맞게 따라 쓰세요.
(Escriba lo siguiente según el orden correcto.)

장	미					

장미 rosa

진	달	래				

진달래 azalea

민	들	레				

민들레 diente de león

나	팔	꽃				

나팔꽃 campanilla

맨	드	라	미			

맨드라미 cresta de gallo

13

13 꽃 [Flores]

월   일

■ 다음을 쓰는 순서에 맞게 따라 쓰세요.
(Escriba lo siguiente según el orden correcto.)

개	나	리			
벚	꽃				
채	송	화			
국	화				
무	궁	화			

개나리 forsitia

벚꽃 flor de cerezo

채송화 flor de chassung

국화 crisantemo

무궁화 rosa de Sarón

13

꽃 [Flores]

월 일

■ 다음을 쓰는 순서에 맞게 따라 쓰세요.
(Escriba lo siguiente según el orden correcto.)

튤 립					
봉 숭 아					
해 바 라 기					
카 네 이 션					
코 스 모 스					

튤립 tulipán

봉숭아 bálsamo

해바라기 girasol

카네이션 clavel

코스모스 cosmos

나라 이름 [Países]

월 일

■ 다음을 쓰는 순서에 맞게 따라 쓰세요.
(Escriba lo siguiente según el orden correcto.)

한	국				

한국 Corea

필	리	핀			

필리핀 Filipinas

일	본				

일본 Japón

캄	보	디	아		

캄보디아 Camboya

아	프	가	니	스	탄

아프가니스탄 Afganistán

14 나라 이름 [Países]

월 일

■ 다음을 쓰는 순서에 맞게 따라 쓰세요.
(Escriba lo siguiente según el orden correcto.)

중 국							
태 국							
베 트 남							
인 도							
영 국							

중국 China

태국 Tailandia

베트남 Vietnam

인도 India

영국 Reino Unido

14 나라 이름 [Países]

월 일

■ 다음을 쓰는 순서에 맞게 따라 쓰세요.
(Escriba lo siguiente según el orden correcto.)

미	국					
몽	골					
우	즈	베	키	스	탄	
러	시	아				
캐	나	다				

미국 Estados Unidos

몽골 Mongolia

우즈베키스탄 Uzbekistán

러시아 Rusia

캐나다 Canadá

15 악기 [Instrumentos musicales]

월 일

■ 다음을 쓰는 순서에 맞게 따라 쓰세요.
(Escriba lo siguiente según el orden correcto.)

기 타						
북						
트 라 이 앵 글						
하 모 니 카						
징						

기타 guitarra

북 tambor

트라이앵글 triángulo

하모니카 armónica

징 jing

# 악기 [Instrumentos musicales]

월 일

■ 다음을 쓰는 순서에 맞게 따라 쓰세요.
(Escriba lo siguiente según el orden correcto.)

피아노 piano

피	아	노			

탬버린 pandereta

탬	버	린			

나팔 trompeta

나	팔				

장구 janggu

장	구				

소고 sogo

소	고				

악기 [Instrumentos musicales]

월   일

■ 다음을 쓰는 순서에 맞게 따라 쓰세요.
(Escriba lo siguiente según el orden correcto.)

피 리					

피리 flauta

실 로 폰					

실로폰 xilófono

바 이 올 린					

바이올린 violín

쨍 과 리					

쨍과리 kkwaenggwari

가 야 금					

가야금 gayageum

● 스페인어를 사용하는 국민을 위한 기초 한글 배우기(남미)
Aprendizaje de coreano básico para hispanohablantes(latinoamericano)

옷 [Ropa]

월 일

■ 다음을 쓰는 순서에 맞게 따라 쓰세요.
(Escriba lo siguiente según el orden correcto.)

티	셔	츠				

티셔츠 camiseta

바	지					

바지 pantalones

점	퍼					

점퍼 jerséi

정	장					

정장 traje

와	이	셔	츠			

와이셔츠 camisa

16

옷 [Ropa]

월   일

■ 다음을 쓰는 순서에 맞게 따라 쓰세요.
(Escriba lo siguiente según el orden correcto.)

반	바	지			
코	트				
교	복				
블	라	우	스		
청	바	지			

반바지 pantalones cortos

코트 abrigo

교복 uniforme escolar

블라우스 blusa

청바지 jeans

16 옷 [Ropa]

■ 다음을 쓰는 순서에 맞게 따라 쓰세요.
   (Escriba lo siguiente según el orden correcto.)

양 복					
작 업 복					
스 웨 터					
치 마					
한 복					

양복 traje

작업복 ropa de trabajo

스웨터 suéter

치마 falda

한복 hanbok

색깔 [Color]

월   일

■ 다음을 쓰는 순서에 맞게 따라 쓰세요.
　(Escriba lo siguiente según el orden correcto.)

빨	간	색					

빨간색 rojo

주	황	색					

주황색 naranja

초	록	색					

초록색 verde

노	란	색					

노란색 amarillo

파	란	색					

파란색 azul

17

색깔 [Color]

월   일

■ 다음을 쓰는 순서에 맞게 따라 쓰세요.
(Escriba lo siguiente según el orden correcto.)

보	라	색				

보라색 morado

분	홍	색				

분홍색 rosa

하	늘	색				

하늘색 celeste

갈	색					

갈색 marrón

검	은	색				

검은색 negro

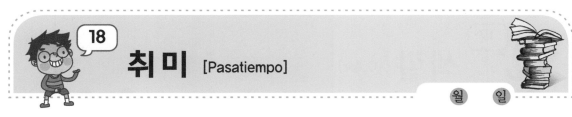

18 취미 [Pasatiempo]

월   일

■ 다음을 쓰는 순서에 맞게 따라 쓰세요.
  (Escriba lo siguiente según el orden correcto.)

요 리					
노 래					
등 산					
영 화 감 상					
낚 시					

요리 cocinar

노래 cantar

등산 hacer senderismo

영화감상 ver películas

낚시 pescar

■ 다음을 쓰는 순서에 맞게 따라 쓰세요.
  (Escriba lo siguiente según el orden correcto.)

음악감상
escuchar música

음	악	감	상			

게임 juegos

게	임					

드라이브
ir de pasear en coche

드	라	이	브			

여행 viajar

여	행					

독서 leer

독	서					

■ 다음을 쓰는 순서에 맞게 따라 쓰세요.
(Escriba lo siguiente según el orden correcto.)

쇼	핑				
운	동				
수	영				
사	진	촬	영		
악	기	연	주		

쇼핑 ir de compras

운동 hacer ejercicio

수영 nadar

사진촬영 tomar fotos

악기연주
tocar instrumentos
musicales

19 운동 [Ejercicio]

월   일

■ 다음을 쓰는 순서에 맞게 따라 쓰세요.
   (Escriba lo siguiente según el orden correcto.)

야구 béisbol

야	구					

배구 vóleibol

배	구					

축구 fútbol

축	구					

탁구 tenis de mesa

탁	구					

농구 baloncesto

농	구					

19 운동 [Ejercicio]

월 일

■ 다음을 쓰는 순서에 맞게 따라 쓰세요.
  (Escriba lo siguiente según el orden correcto.)

골프 golf

| 골 | 프 | | | | | |

스키 esquí

| 스 | 키 | | | | | |

수영 natación

| 수 | 영 | | | | | |

권투 boxeo

| 권 | 투 | | | | | |

씨름
lucha coreana(Ssireum)

| 씨 | 름 | | | | | |

19

운동 [Ejercicio]

월   일

■ 다음을 쓰는 순서에 맞게 따라 쓰세요.
(Escriba lo siguiente según el orden correcto.)

테 니 스				
레 슬 링				
태 권 도				
배 드 민 턴				
스 케 이 트				

테니스 tenis

레슬링 lucha libre

태권도 taekwondo

배드민턴 bádminton

스케이트 patinaje

월   일

■ 다음을 쓰는 순서에 맞게 따라 쓰세요.
(Escriba lo siguiente según el orden correcto.)

가 다						
오 다						
먹 다						
사 다						
읽 다						

가다 ir

오다 venir

먹다 comer

사다 comprar

읽다 leer

㉑ 움직임 말(1)
[Palabras de movimiento (1)]

월   일

■ 다음을 쓰는 순서에 맞게 따라 쓰세요.
 (Escriba lo siguiente según el orden correcto.)

씻	다					

씻다 lavarse

자	다					

자다 dormir

보	다					

보다 ver

일	하	다				

일하다 trabajar

만	나	다				

만나다 reunirse

■ 다음을 쓰는 순서에 맞게 따라 쓰세요.
(Escriba lo siguiente según el orden correcto.)

마 시 다				

마시다 beber

빨 래 하 다				

빨래하다 lavar la ropa

청 소 하 다				

청소하다 limpiar

요 리 하 다				

요리하다 cocinar

공 부 하 다				

공부하다 estudiar

움직임 말(2)
[Palabras de movimiento (2)]

월   일

■ 다음을 쓰는 순서에 맞게 따라 쓰세요.
(Escriba lo siguiente según el orden correcto.)

공	을		차	다		
이	를		닦	다		
목	욕	을		하	다	
세	수	를		하	다	
등	산	을		하	다	

공을 차다
patear una pelota

이를 닦다
cepillarse los dientes

목욕을 하다 bañarse

세수를 하다
lavarse la cara

등산을 하다
subir a la montaña

21 움직임 말(2)
[Palabras de movimiento (2)]

월   일

■ 다음을 쓰는 순서에 맞게 따라 쓰세요.
(Escriba lo siguiente según el orden correcto.)

머	리	를		감	다		

머리를 감다
lavarse el cabello

영	화	를		보	다		

영화를 보다
ver una película

공	원	에		가	다		

공원에 가다 ir al parque

여	행	을		하	다		

여행을 하다 viajar

산	책	을		하	다		

산책을 하다 pasear

㉑ 움직임 말(2)
[Palabras de movimiento (2)]

월   일

■ 다음을 쓰는 순서에 맞게 따라 쓰세요.
　(Escriba lo siguiente según el orden correcto.)

수	영	을		하	다
쇼	핑	을		하	다
사	진	을		찍	다
샤	워	를		하	다
이	야	기	를	하	다

수영을 하다 nadar

쇼핑을 하다 ir de compras

사진을 찍다 tomar fotos

샤워를 하다 ducharse

이야기를 하다 hablar

22 움직임 말(3)
[Palabras de movimiento (3)]

월   일

■ 다음을 쓰는 순서에 맞게 따라 쓰세요.
(Escriba lo siguiente según el orden correcto.)

놀다						
자다						
쉬다						
쓰다						
듣다						

놀다 jugar

자다 dormir

쉬다 descansar

쓰다 escribir

듣다 escuchar

움직임 말(3)
[Palabras de movimiento (3)]

월 일

■ 다음을 쓰는 순서에 맞게 따라 쓰세요.
(Escriba lo siguiente según el orden correcto.)

닫 다						
켜 다						
서 다						
앉 다						
끄 다						

닫다 cerrar

켜다 encender

서다 estar de pie

앉다 sentarse

끄다 apagar

22 움직임 말(3)
[Palabras de movimiento (3)]

월 일

■ 다음을 쓰는 순서에 맞게 따라 쓰세요.
(Escriba lo siguiente según el orden correcto.)

열 다					
나 오 다					
배 우 다					
들 어 가 다					
가 르 치 다					

열다 abrir

나오다 salir

배우다 aprender

들어가다 entrar

가르치다 enseñar

22

움직임 말(3)
[Palabras de movimiento (3)]

월 일

■ 다음을 쓰는 순서에 맞게 따라 쓰세요.
　(Escriba lo siguiente según el orden correcto.)

부	르	다			

부르다 llamar

달	리	다			

달리다 correr

기	다				

기다 gatear

날	다				

날다 volar

긁	다				

긁다 rascar

제6장 주제별 낱말 ● **129**

움직임 말(3)
[Palabras de movimiento (3)]

월   일

■ 다음을 쓰는 순서에 맞게 따라 쓰세요.
(Escriba lo siguiente según el orden correcto.)

찍	다							

찍다 sacar (una foto)

벌	리	다						

벌리다 distanciar

키	우	다						

키우다 criar

갈	다							

갈다 cambiar

닦	다							

닦다 limpiar

세는 말(단위)
[Contar palabras (unidades)]

월   일

■ 다음을 쓰는 순서에 맞게 따라 쓰세요.
  (Escriba lo siguiente según el orden correcto.)

개						
대						
척						
송이						
그루						

개 objetos

대 vehículos o máquinas

척 barcos

송이 racimos

그루 plantas

23 세는 말(단위)
[Contar palabras (unidades)]

월 일

■ 다음을 쓰는 순서에 맞게 따라 쓰세요.
(Escriba lo siguiente según el orden correcto.)

상	자						
봉	지						
장							
병							
자	루						

상자 cajas

봉지 bolsas

장 hojas

병 botellas

자루 puño

23 세는 말(단위)

[Contar palabras (unidades)]

월   일

■ 다음을 쓰는 순서에 맞게 따라 쓰세요.
  (Escriba lo siguiente según el orden correcto.)

벌					
켤 레					
권					
마 리					
잔					

벌 prendas

켤레 par

권 libros

마리 animales

잔 vasos

23 세는 말(단위)
[Contar palabras (unidades)]

월 일

■ 다음을 쓰는 순서에 맞게 따라 쓰세요.
(Escriba lo siguiente según el orden correcto.)

채						
명						
통						
가 마						
첩						

채 casas

명 personas

통 cilindros

가마 sacos

첩 paquetes

24 **꾸미는 말(1)**
[Palabras para describir (1)]

월   일

■ 다음을 쓰는 순서에 맞게 따라 쓰세요.
  (Escriba lo siguiente según el orden correcto.)

많	다					
적	다					
크	다					
작	다					
비	싸	다				

많다 mucho

적다 poco

크다 grande

작다 pequeño

비싸다 caro

24 꾸미는 말(1)

[Palabras para describir (1)]

월   일

■ 다음을 쓰는 순서에 맞게 따라 쓰세요.
(Escriba lo siguiente según el orden correcto.)

싸	다					
길	다					
짧	다					
빠	르	다				
느	리	다				

싸다 barato

길다 largo

짧다 corto

빠르다 rápido

느리다 lento

24 # 꾸미는 말(1)
[Palabras para describir (1)]

월   일

■ 다음을 쓰는 순서에 맞게 따라 쓰세요.
(Escriba lo siguiente según el orden correcto.)

굵	다					

굵다 grueso

가	늘	다				

가늘다 fino

밝	다					

밝다 brillante

어	둡	다				

어둡다 oscuro

좋	다					

좋다 bueno

제6장 주제별 낱말 • **137**

25 꾸미는 말(2)
[Palabras para describir (2)]

월   일

■ 다음을 쓰는 순서에 맞게 따라 쓰세요.
　(Escriba lo siguiente según el orden correcto.)

맵	다					
시	다					
가	볍	다				
좁	다					
따	뜻	하	다			

맵다 picante

시다 ácido

가볍다 ligero

좁다 estrecho

따뜻하다 cálido

25 꾸미는 말(2)
[Palabras para describir (2)]

월   일

■ 다음을 쓰는 순서에 맞게 따라 쓰세요.
  (Escriba lo siguiente según el orden correcto.)

짜 다					
쓰 다					
무 겁 다					
깊 다					
차 갑 다					

짜다 salado

쓰다 amargo

무겁다 pesado

깊다 profundo

차갑다 frío

■ 다음을 쓰는 순서에 맞게 따라 쓰세요.
(Escriba lo siguiente según el orden correcto.)

달	다					

달다 dulce

싱	겁	다				

싱겁다 insípido

넓	다					

넓다 amplio

얕	다					

얕다 superficial

귀	엽	다				

귀엽다 adorable

26 기분을 나타내는 말
[Palabras para emociones]

월 일

■ 다음을 쓰는 순서에 맞게 따라 쓰세요.
(Escriba lo siguiente según el orden correcto.)

기쁘다 feliz

슬프다 triste

화나다 enojado

놀라다 sorprendido

곤란하다 preocupado

기	쁘	다				
슬	프	다				
화	나	다				
놀	라	다				
곤	란	하	다			

■ 다음을 쓰는 순서에 맞게 따라 쓰세요.
(Escriba lo siguiente según el orden correcto.)

궁	금	하	다			

궁금하다 curioso

지	루	하	다			

지루하다 aburrido

부	끄	럽	다			

부끄럽다 avergonzado

피	곤	하	다			

피곤하다 cansado

신	나	다				

신나다 emocionado

27

높임말 [Palabras de buena educación]

월   일

■ 다음을 쓰는 순서에 맞게 따라 쓰세요.
  (Escriba lo siguiente según el orden correcto.)

집 casa → 댁 casa

| 집 | | | | | |
| 댁 | | | | | |

밥 arroz cocido →
진지 arroz cocido

| 밥 | | | | | |
| 진 | 지 | | | | |

병 enfermedad →
병환 enfermedad

| 병 | | | | | |
| 병 | 환 | | | | |

말 palabras →
말씀 palabras

| 말 | | | | | |
| 말 | 씀 | | | | |

나이 años de edad →
연세 años de edad

| 나 | 이 | | | | |
| 연 | 세 | | | | |

27 높임말 [Palabras de buena educación]

월   일

■ 다음을 쓰는 순서에 맞게 따라 쓰세요.
  (Escriba lo siguiente según el orden correcto.)

생	일					
생	신					
있	다					
계	시	다				
먹	다					
드	시	다				
자	다					
주	무	시	다			
주	다					
드	리	다				

생일 cumpleaños →
생신 cumpleaños

있다 estar → 계시다 estar

먹다 comer → 드시다 comer

자다 dormir →
주무시다 dormir

주다 dar → 드리다 dar

28 소리가 같은 말(1)

[Homónimos (1)]

월   일

■ 다음을 쓰는 순서에 맞게 따라 쓰세요.
(Escriba lo siguiente según el orden correcto.)

눈				
발				
밤				
차				
비				

눈 ojo (단음)   눈 nieve (장음)

발 pie (단음)   발 cortina (장음)

밤 noche (단음)   밤 castaña (장음)

차 carro (단음)   차 té (단음)

비 lluvia (단음)   비 escoba (단음)

28 소리가 같은 말(1)

[Homónimos (1)]

월   일

■ 다음을 쓰는 순서에 맞게 따라 쓰세요.
(Escriba lo siguiente según el orden correcto.)

말				
벌				
상				
굴				
배				

말 caballo (단음)   **말** palabra (장음)

벌 castigo (단음)   **벌** abeja (장음)

상 mesa (단음)   **상** premio (단음)

굴 ostra (단음)   **굴** cueva (장음)

배 barco (단음)   **배** vientre (단음)

28 소리가 같은 말(1)

[Homónimos (1)]

월   일

■ 다음을 쓰는 순서에 맞게 따라 쓰세요.
(Escriba lo siguiente según el orden correcto.)

다	리				

다리 puente (단음)   **다리** pierna (단음)

새	끼				

새끼 cachorro (단음)   **새끼** cuerda (단음)

돌					

돌 piedra (장음)   **돌** fiesta del primer cumpleaños (단음)

병					

병 enfermedad (장음)   **병** botella (단음)

바	람				

바람 viento (단음)   **바람** esperanza (단음)

29 소리가 같은 말(2)

[Homónimos (2)]

월   일

■ 다음을 쓰는 순서에 맞게 따라 쓰세요.
(Escriba lo siguiente según el orden correcto.)

깨	다				
묻	다				
싸	다				
세	다				
차	다				

깨다 despertar (장음)   **깨다** romper (단음)

묻다 enterrar (단음)   **묻다** preguntar (장음)

싸다 barato (단음)   **싸다** orinar (단음)

세다 contar (장음)   **세다** fuerte (장음)

차다 frío (단음)   **차다** lleno (단음)

[Homónimos (2)]

월   일

■ 다음을 쓰는 순서에 맞게 따라 쓰세요.
   (Escriba lo siguiente según el orden correcto.)

맞다 correcto (단음)    맞다 golpearse (단음)

맡다 tomar un encargo (단음)    맡다 oler (단음)

쓰다 escribir (단음)    쓰다 amargo (단음)

맞	다				
맡	다				
쓰	다				

월   일

■ 다음을 쓰는 순서에 맞게 따라 쓰세요.
 (Escriba lo siguiente según el orden correcto.)

어흥 rawr

어	흥					

꿀꿀 oinc oinc

꿀	꿀					

야옹 miau

야	옹					

꼬꼬댁 co co co

꼬	꼬	댁				

꽥꽥 cuac cuac

꽥	꽥					

30 소리를 흉내 내는 말
[Onomatopeyas]

월 일

■ 다음을 쓰는 순서에 맞게 따라 쓰세요.
(Escriba lo siguiente según el orden correcto.)

붕					
매 앰					
부 르 릉					
딩 동					
빠 빠					

붕 bung

매앰 meeem

부르릉 bruum

딩동 ding dong

빠빠 pa pa

부록 Appendix

■ 안녕하세요! K-한글(www.k-hangul.kr)입니다.
'**외국인을 위한 기초 한글 배우기**' 1호 기초 편에서 다루지 못한 내용을 부록 편에
다음과 같이 **40가지 주제별로** 수록하니, 많은 이용 바랍니다.

번호	주제	번호	주제	번호	주제
1	**숫자**(50개) Number(s)	16	**인칭 대명사**(14개) Personal pronouns	31	**물건 사기**(30개) Buying Goods
2	**연도**(15개) Year(s)	17	**지시 대명사**(10개) Demonstrative pronouns	32	**전화하기**(21개) Making a phone call
3	**월**(12개) Month(s)	18	**의문 대명사**(10개) Interrogative pronouns	33	**인터넷**(20개) Words related to the Internet
4	**일**(31개) Day(s)	19	**가족**(24개) Words related to Family	34	**건강**(35개) Words related to health
5	**요일**(10개) Day of a week	20	**국적**(20개) Countries	35	**학교**(51개) Words related to school
6	**년**(20개) Year(s)	21	**인사**(5개) Phrases related to greetings	36	**취미**(28개) Words related to hobby
7	**개월**(12개) Month(s)	22	**작별**(5개) Phrases related to bidding farewell	37	**여행**(35개) Travel
8	**일(간), 주일(간)**(16개) Counting Days	23	**감사**(3개) Phrases related to expressing gratitude	38	**날씨**(27개) Weather
9	**시**(20개) Units of Time(hours)	24	**사과**(7개) Phrases related to making an apology	39	**은행**(25개) Words related to bank
10	**분**(16개) Units of Time(minutes)	25	**요구, 부탁**(5개) Phrases related to asking a favor	40	**우체국**(14개) Words related to post office
11	**시간**(10개) Hour(s)	26	**명령, 지시**(5개) Phrases related to giving instructions		
12	**시간사**(25개) Words related to Time	27	**칭찬, 감탄**(7개) Phrases related to compliment and admiration		
13	**계절**(4개) seasons	28	**환영, 축하, 기원**(10개) Phrases related to welcoming, congratulating and blessing		
14	**방위사**(14개) Words related to directions	29	**식당**(30개) Words related to Restaurant		
15	**양사**(25개) quantifier	30	**교통**(42개) Words related to transportation		

MP3	주제	단어
	1. 숫자	1, 2, 3, 4, 5, / 6, 7, 8, 9, 10, / 11, 12, 13, 14, 15, / 16, 17, 18, 19, 20, / 21, 22, 23, 24, 25, / 26, 27, 28, 29, 30, / 31, 40, 50, 60, 70, / 80, 90, 100, 101, 102, / 110, 120, 130, 150, 천, / 만, 십만, 백만, 천만, 억
	2. 연도	1999년, 2000년, 2005년, 2010년, 2015년, / 2020년, 2023년, 2024년, 2025년, 2026년, / 2030년, 2035년, 2040년, 2045년, 2050년
	3. 월	1월, 2월, 3월, 4월, 5월, / 6월, 7월, 8월, 9월, 10월, / 11월, 12월
	4. 일	1일, 2일, 3일, 4일, 5일, / 6일, 7일, 8일, 9일, 10일, / 11일, 12일, 13일, 14일, 15일, / 16일, 17일, 18일, 19일, 20일, / 21일, 22일, 23일, 24일, 25일, / 26일, 27일, 28일, 29일, 30일, / 31일
	5. 요일	월요일, 화요일, 수요일, 목요일, 금요일, / 토요일, 일요일, 공휴일, 식목일, 현충일
	6. 년	1년, 2년, 3년, 4년, 5년, / 6년, 7년, 8년, 9년, 10년, / 15년, 20년, 30년, 40년, 50년, / 100년, 200년, 500년, 1000년, 2000년
	7. 개월	1개월(한 달), 2개월(두 달), 3개월(석 달), 4개월(네 달), 5개월(다섯 달), / 6개월(여섯 달), 7개월(일곱 달), 8개월(여덟 달), 9개월(아홉 달), 10개월(열 달), / 11개월(열한 달), 12개월(열두 달)
	8. 일(간), 주일(간)	하루(1일), 이틀(2일), 사흘(3일), 나흘(4일), 닷새(5일), / 엿새(6일), 이레(7일), 여드레(8일), 아흐레(9일), 열흘(10일), / 10일(간), 20일(간), 30일(간), 100일(간), 일주일(간), / 이 주일(간)
	9. 시	1시, 2시, 3시, 4시, 5시, / 6시, 7시, 8시, 9시, 10시, / 11시, 12시, 13시(오후 1시), 14시(오후 2시), 15시(오후 3시), 18시(오후 6시), 20시(오후 8시), 22시(오후 10시), 24시(오후 12시)
	10. 분	1분, 2분, 3분, 4분, 5분, / 10분, 15분, 20분, 25분, 30분(반 시간), / 35분, 40분, 45분, 50분, 55분, / 60분(1시간)

MP3	주제	단어
	11. 시간	**반 시간**(30분), **1시간**, **1시간 반**(1시간 30분), **2시간, 3시간,** / **4시간, 5시간, 10시간, 12시간, 24시간**
	12.시간사	**오전, 정오, 오후, 아침, 점심,** / **저녁, 지난주, 이번 주, 다음 주, 지난달,** / **이번 달, 다음날, 재작년, 작년, 올해,** / **내년, 내후년, 그저께**(이틀 전날), **엊그제**(바로 며칠 전), **어제**(오늘의 하루 전날), / **오늘, 내일**(1일 후), **모레**(2일 후), **글피**(3일 후), **그글피**(4일 후)
	13. 계절	**봄**(春), **여름**(夏), **가을**(秋), **겨울**(冬)
	14.방위사	**동쪽, 서쪽, 남쪽, 북쪽, 앞쪽,** / **뒤쪽, 위쪽, 아래쪽, 안쪽, 바깥쪽,** / **오른쪽, 왼쪽, 옆, 중간**
	15. 양사	**개**(사용 범위가 가장 넓은 개체 양사), **장**(평면이 있는 사물), **척**(배를 세는 단위), **마리**(날짐승이나 길짐승), **자루,** / **다발**(손에 쥘 수 있는 물건), **권**(서적 류), **개**(물건을 세는 단위), **갈래, 줄기**(가늘고 긴 모양의 사물이나 굽은 사물), / **건**(사건), **벌**(의복), **쌍, 짝, 켤레,** / **병, 조각**(덩어리, 모양의 물건), **원**(화폐), **대**(각종 차량), **대**(기계, 설비 등), / **근**(무게의 단위), **킬로그램**(힘의 크기, 무게를 나타내는 단위), **번**(일의 차례나 일의 횟수를 세는 단위), **차례**(단순히 반복적으로 발생하는 동작), **식사**(끼)
	16. 인칭 대명사	인칭 대명사 : 사람의 이름을 대신하여 나타내는 대명사. **나, 너, 저, 당신, 우리,** / **저희, 여러분, 너희, 그, 그이,** / **저분, 이분, 그녀, 그들**
	17. 지시 대명사	지시 대명사 : 사물이나 장소의 이름을 대신하여 나타내는 대명사. **이것, 이곳, 저것, 저곳, 저기,** / **그것**(사물이나 대상을 가리킴), **여기, 무엇**(사물의 이름), **거기**(가까운 곳, 이미 이야기한 곳), **어디**(장소의 이름)
	18. 의문 대명사	의문 대명사 : 물음의 대상을 나타내는 대명사. **누구**(사람의 정체), **몇**(수효), **어느**(둘 이상의 것 가운데 대상이 되는 것), **어디**(처소나 방향), **무엇**(사물의 정체), / **언제, 얼마, 어떻게**(어떤 방법, 방식, 모양, 형편, 이유), **어떤가?, 왜**(무슨 까닭으로, 어떤 사실에 대하여 확인을 요구할 때)
	19. 가족	**할아버지, 할머니, 아버지, 어머니, 남편,** / **아내, 딸, 아들, 손녀, 손자,** / **형제자매, 형, 오빠, 언니, 누나,** / **여동생, 남동생, 이모, 이모부, 고모,** / **고모부, 사촌, 삼촌, 숙모**
	20. 국적	**국가, 나라, 한국, 중국, 대만,** / **일본, 미국, 영국, 캐나다, 인도네시아,** / **독일, 러시아, 이탈리아, 프랑스, 인도,** / **태국, 베트남, 캄보디아, 몽골, 라오스**

MP3	주제	단어
	21. 인사	안녕하세요!, 안녕하셨어요?, 건강은 어떠세요?, 그에게 안부 전해주세요, 굿모닝!
	22. 작별	건강하세요, 행복하세요, 안녕(서로 만나거나 헤어질 때), 내일 보자, 다음에 보자.
	23. 감사	고마워, 감사합니다, 도와주셔서 감사드립니다.
	24. 사과	미안합니다, 괜찮아요!, 죄송합니다, 정말 죄송합니다, 모두 다 제 잘못입니다, / 오래 기다리셨습니다, 유감이네요.
	25. 요구, 부탁	잠시 기다리세요, 저 좀 도와주세요, 좀 빨리해 주세요, 문 좀 닫아주세요, 술 좀 적게 드세요.
	26. 명령, 지시	일어서라!, 들어오시게, 늦지 말아라, 수업 시간에는 말하지 마라, 금연입니다.
	27. 칭찬, 감탄	정말 잘됐다!, 정말 좋다, 정말 대단하다, 진짜 잘한다!, 정말 멋져!, / 솜씨가 보통이 아니네!, 영어를 잘하는군요. ※감탄사의 종류(감정이나 태도를 나타내는 단어) : 아하, 헉, 우와, 아이고, 아차, 앗, 어머, 저런, 여보, 야, 아니요, 네, 예, 그래, 얘 등
	28. 환영,축하, 기원	환영합니다!, 또 오세요, 생일 축하해!, 대입 합격 축하해!, 축하드려요, / 부자 되세요, 행운이 깃드시길 바랍니다, 만사형통하시길 바랍니다, 건강하세요, 새해 복 많이 받으세요!
	29. 식당	음식, 야채, 먹다, 식사 도구, 메뉴판, / 세트 요리, 종업원, 주문하다, 요리를 내오다, 중국요리, / 맛, 달다, 담백하다, 맵다, 새콤달콤하다, / 신선하다, 국, 탕, 냅킨, 컵, / 제일 잘하는 요리, 계산, 잔돈, 포장하다, 치우다, / 건배, 맥주, 술집, 와인, 술에 취하다.
	30. 교통	말씀 좀 묻겠습니다, 길을 묻다, 길을 잃다, 길을 건너가다, 지도, / 부근, 사거리, 갈아타다, 노선, 버스, / 몇 번 버스, 정거장, 줄을 서다, 승차하다, 승객, / 차비, 지하철, 환승하다, 1호선, 좌석, / 출구, 택시, 택시를 타다, 차가 막히다, 차를 세우다, / 우회전, 좌회전, 유턴하다, 기차, 기차표, / 일반 침대석, 일등 침대석, 비행기, 공항, 여권, / 주민등록증, 연착하다, 이륙, 비자, 항공사, / 안전벨트, 현지시간

MP3	주제	단어
	31. 물건 사기	손님, 서비스, 가격, 가격 흥정, 노점, / 돈을 내다, 물건, 바겐세일, 싸다, 비싸다, / 사이즈, 슈퍼마켓, 얼마예요?, 주세요, 적당하다, / 점원, 품질, 백화점, 상표, 유명 브랜드, / 선물, 영수증, 할인, 반품하다, 구매, / 사은품, 카드 결제하다, 유행, 탈의실, 계산대
	32. 전화하기	여보세요, 걸다, (다이얼을)누르다, OO 있나요?, 잘못 걸다, / 공중전화, 휴대전화 번호, 무료 전화, 국제전화, 국가번호, / 지역번호, 보내다, 문자 메시지, 시외전화, 전화받다, / 전화번호, 전화카드, 통화 중, 통화 요금, 휴대전화, / 스마트폰
	33. 인터넷	인터넷, 인터넷에 접속하다, 온라인게임, 와이파이, 전송하다, / 데이터, 동영상, 아이디, 비밀번호, 이메일, / 노트북, 검색하다, 웹사이트, 홈페이지 주소, 인터넷 쇼핑, / 업로드, 다운로드, pc방, 바이러스, 블로그
	34. 건강	병원, 의사, 간호사, 진찰하다, 수술, / 아프다, 환자, 입원, 퇴원, 기침하다, / 열나다, 체온, 설사가 나다, 콧물이 나다, 목이 아프다, / 염증을 일으키다, 건강, 금연하다, 약국, 처방전, / 비타민, 복용하다, 감기, 감기약, 마스크, / 비염, 고혈압, 골절, 두통, 알레르기, / 암, 전염병, 정신병, 혈액형, 주사 놓다
	35. 학교	초등학교, 중학교, 고등학교, 중·고등학교, 대학교, / 교실, 식당, 운동장, 기숙사, 도서관, / 교무실, 학생, 초등학생, 중학생, 고등학생, / 대학생, 유학생, 졸업생, 선생님, 교사, / 교장, 교수, 국어, 수학, 영어, / 과학, 음악, 미술, 체육, 입학하다, / 졸업하다, 학년, 전공, 공부하다, 수업을 시작하다, / 수업을 마치다, 출석을 부르다, 지각하다, 예습하다, 복습하다, / 숙제를 하다, 시험을 치다, 합격하다, 중간고사, 기말고사, / 여름방학, 겨울방학, 성적, 교과서, 칠판, / 분필
	36. 취미	축구 마니아, ㅇㅇ마니아, 여가 시간, 좋아하다, 독서, / 음악 감상, 영화 감상, 텔레비전 시청, 연극 관람, 우표 수집, / 등산, 바둑, 노래 부르기, 춤추기, 여행하기, / 게임하기, 요리, 운동, 야구(하다), 농구(하다), / 축구(하다), 볼링(치다), 배드민턴(치다), 탁구(치다), 스키(타다), / 수영(하다), 스케이팅, 태권도
	37. 여행	여행(하다), 유람(하다), 가이드, 투어, 여행사, / 관광명소, 관광특구, 명승지, 기념품, 무료, / 유료, 할인티켓, 고궁, 경복궁, 남산, / 한국민속촌, 호텔, 여관, 체크인, 체크아웃, / 빈 방, 보증금, 숙박비, 호실, 팁, / 싱글룸, 트윈룸, 스탠더드룸, 1박하다, 카드 키, / 로비, 룸서비스, 식당, 뷔페, 프런트 데스크
	38. 날씨	일기예보, 기온, 최고기온, 최저기온, 온도, / 영상, 영하, 덥다, 따뜻하다, 시원하다, / 춥다, 흐린 날씨, 맑은 날, 비가 오다, 눈이 내리다, / 건조하다, 습하다, 가랑비, 구름이 많이 끼다, 보슬비, / 천둥치다, 번개, 태풍, 폭우, 폭설, / 황사, 장마
	39. 은행	예금하다, 인출하다, 환전하다, 송금하다, 예금주, / 예금통장, 계좌, 계좌번호, 원금, 이자, / 잔여금액, 비밀번호, 현금카드, 현금 인출기, 수수료, / 현금, 한국 화폐, 미국 달러, 외국 화폐, 환율, / 환전소, 신용카드, 대출, 인터넷뱅킹, 폰뱅킹

MP3	주제	단어
	40. 우체국	편지, 편지봉투, 소포, 부치다, 보내는 사람, / 받는 사람, 우편물, 우편번호, 우편요금, 우체통, / 우표, 주소, 항공우편, EMS

'K-한글'의 세계화 www.k-hangul.kr

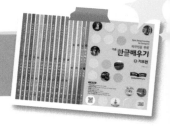

1. 영어로 한글배우기
Learning Korean in **English**

2. 베트남어로 한글배우기
Học tiếng Hàn bằng tiếng Việt

3. 몽골어로 한글배우기
Монгол хэл дээр солонгос цагаан толгой сурах

4. 일본어로 한글배우기
日本語でハングルを学ぼう

5. 스페인어로 한글배우기(유럽연합)
APRENDER COREANO EN ESPAÑOL

6. 프랑스어로 한글배우기
Apprendre le coréen en français

7. 러시아어로 한글배우기
Изучение хангыля на русском языке

8. 중국어로 한글배우기
用中文学习韩文

9. 독일어로 한글배우기
Koreanisch lernen auf **Deutsch**

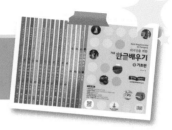

10. 태국어로 한글배우기
เรียนฮันกึลด้วยภาษาไทย

11. 힌디어로 한글배우기
हिंदी में हंगउल सीखना

12. 아랍어로 한글배우기
تعلم اللغة الكورية بالعربية

13. 페르시아어로 한글배우기
یادگیری کره‌ای از طریق فارسی

14. 튀르키예어로 한글배우기
Hangıl'ı **Türkçe** Öğrenme

15. 포르투갈어로 한글배우기
Aprendendo Coreano em
Português

16. 스페인어로 한글배우기(남미)
Aprendizaje de coreano en
español

스페인어를 사용하는 국민을 위한 기초 한글 배우기(남미)

한글배우기 ❶ 기초편

2025년 3월 10일 초판 1쇄 발행

발행인 | 배영순
저자 | 권용선(權容璿), Autor : Kwon Yong Seon
펴낸곳 | 홍익교육, Publicado por : Hongik Education, República de Corea
기획·편집 | 아이한글 연구소
출판등록 | 2010-10호
주소 | 경기도 광명시 광명동 747-19 리츠팰리스 비동 504호
전화 | 02-2060-4011
홈페이지 | www.k-hangul.kr
E-mail | kwonys15@naver.com
정가 | 14,000원
ISBN 979-11-88505-61-6 / 13710